千字文

天地玄黃　宇宙洪荒
日月盈昃　辰宿列張
寒來暑往　秋收冬藏
閏餘成歲　律呂調陽

金生麗水　玉出崑岡
劍號巨闕　珠稱夜光
果珍李柰　菜重芥薑
海鹹河淡　鱗潛羽翔
龍師火帝　鳥官人皇

천자문 숨은그림찾기

숨은그림찾기 04
천자문 숨은그림찾기

1판 1쇄 인쇄 | 2017년 7월 17일
1판 1쇄 발행 | 2017년 7월 27일

지은이 | 이영·이다우
그린이 | 김정겸
펴낸이 | 이상배
펴낸곳 | 좋은꿈
디자인 | 김수연

등록 | 제396-2005-000060
주소 | 경기도 고양시 일산동구 장백로 26, 103동 508호
　　　(백석동, 동문굿모닝힐 1차) (우)10449
전화 | 031-903-7684 팩스 | 031-813-7683
전자우편 | leebook77@hanmail.net

ⓒ 이영·이다우, 김정겸, 좋은꿈 2017

ISBN 979-11-85903-34-7　73700

이 도서의 국립중앙도서관 출판예정도서목록(CIP)은 서지정보유통지원시스템 홈페이지(http://seoji.nl.go.kr)와 국가자료공동목록시스템(http://www.nl.go.kr/kolisnet)에서 이용하실 수 있습니다.(CIP제어번호: CIP2017015165)

블로그 • 네이버 | www.joeunkoom.com

＊좋은꿈-통권 43-2017-제6권

- 책값은 뒤표지에 있습니다.
- 저작인과의 협약에 따라 검인지를 붙이지 않습니다.
- 잘못 만들어진 책은 구입한 서점에서 바꾸어 드립니다.
- 책 내용의 일부 또는 전체를 인용하거나 다시 쓰려면
  반드시 출판사와 저작인의 허락을 얻어야 합니다.

어린이제품안전특별법에 의한 제품 표시
제조자명 좋은꿈 | **제조년월** 2017년 7월 | **제조국** 대한민국 | **사용연령** 8세 이상

이영·이다우 글 | 김정겸 그림

좋은꿈

책머리에

지혜와 지식을 가득 담은 '하얀 머리 글'

하늘 천(千), 땅 지(地)로 시작하는 천자문은 글자 천 자를 담은 책입니다. 천 개의 글자를 겹치지 않게 사용했으며, 글자 수를 딱 딱 맞추어 쓴 정형시입니다.

'천지현황(天地玄黃)'처럼 네 글자를 한 구(두 개 이상의 낱말이 모여 이루어진 짧은 글)로 삼았으며, '천지현황(天地玄黃) 우주홍황(宇宙洪荒)'처럼 두 구가 한 문장으로 이루어져 있습니다. 모두 250구, 125 문장으로 짜여 있습니다.

천자문은 옛날 어린이들의 학습 교재로 알려져 있습니다. 천 개의 한자를 배울 수 있는 좋은 책이기 때문입니다.

천자문은 온갖 사물의 모습과 이치를 담고 있습니다. 사람이 살아가는 바른 길, 높은 벼슬자리에 있는 사람이 지녀야 할 마음가짐을 가르쳐 줍니다. 행복한 가정을 이루는 데 필요한 것들과 더불어 사는 세상에 대해서도 이야기합니다. 또한 동양 사람으로서 지녀야 할 정신과 중국의 지리, 역사에 대한 내용도 담고 있

습니다.

    동양 고전인『논어』,『주역』,『사기』,『맹자』,『노자』등의 알맹이 내용들이 함께 모여 있는 책이라고 할 수 있습니다.

    천자문은 이처럼 우리 실생활에 필요한 지혜와 지식을 담고 있습니다. 한마디로 동양 정신의 뿌리를 담은 생각을 키워 주는 책, 인생과 우주를 공부하는 책, 그리고 훌륭한 역사책이기도 합니다.

    천자문은 중국 양나라 때 주흥사라는 사람이 하룻밤 사이에 지었다는 전설이 있습니다. 죄를 용서받는 대가로 지었다고 합니다. 힘과 정신을 어찌나 쏟았던지, 이튿날 아침에 주흥사의 머리가 하얗게 세었다고 합니다. 그래서 천자문을 '하얀 머리 글(白首文 백수문)'이라고도 합니다.

2017년 글쓴이

이영·이다우

차례

엉뚱이의 질문 ••• 12

고마워, 자두야 ••• 20

말하는 무덤 ••• 26

엄마의 눈물 ••• 32

너, 너 비겁해 ••• 38

공부도 습관이 필요해 ••• 44

벽화에서 날아간 용 ••• 52

헌옷 보따리 ••• 58

도로 가져가라 ••• 64

책벌레 바보 온달 ••• 72

작은 나라의 서러움 ••• 78

축하해요, 작은아빠 ••• 84

제멋대로 우는 닭 ••• 90

할아버지와 은행나무 ••• 96

쓰러진 원기둥 ••• 102

지화자 좋다 ••• 108

도적과 도척 ••• 114

옛날에 금잔디 동산에 ••• 120

천자문 이어 보기 ••• 124

숨은그림찾기
숨은 한자어(한글) 찾기 정답 ••• 138

일러두기

 ### 짧은 천자문 이야기

천자문 18개의 주제를 짧은 이야기로 엮었습니다.

 ### 숨은그림찾기

이야기의 주제를 나타낸 그림 속에 여러 가지 사물, 한자 등을 숨겨 읽고 찾는 재미를 더했습니다.

 ### 하늘 천 따 지 천자문

천자문 250구, 125문장을 순서대로 읽고 이해할 수 있도록 하였습니다.

 ### 천자문 숨은 한자어(한글) 찾기

낱말 퍼즐에서 뜻풀이를 읽고 맞는 한자어(한글) 낱말을 찾아보도록 하였습니다.

 ### 천자문 이어 보기

본문에서 다루지 않은 천자문을 순서대로 이어 볼 수 있습니다.

 엉뚱이의 질문

<1>
천지현황 우주홍황 天地玄黃 宇宙洪荒
하늘 천 天 땅 지 地 검을 현 玄 누를 황 黃
집 우 宇 집 주 宙 넓을 홍 洪 거칠 황 荒

열 살 진수의 별명은 엉뚱이입니다. 엉뚱한 말이나 행동을 잘하거든요. 짓궂을 때도 있고요.

진수가 어느 날 책을 읽고 있는 할아버지와 마주 앉았습니다.

"할아버지, 하늘이 무너지면 어쩌지요?"

진수는 근심 가득한 얼굴로 물었습니다.

"별걸 다 걱정하는구나."

할아버지는 책을 덮으며 돋보기 너머로 진수를 쳐다봤습니다. 엉뚱한 질문이라는 거지요.

"하늘은 공기에 둘러싸인 것이야. 우리가 숨을 쉬는 것도 하늘 속에서 하는 것이지. 사람들은 하늘 속에서 살고 있다는 말이야. 그러니 하늘이 떨어지겠니?"

"그런데요 할아버지, 떠 있는 해와 달은 떨어질 수 있지 않아요? 그렇게 되면 정말 큰일이지요?"

진수는 새로운 걱정거리를 할아버지에게 말했습니다. 할아버지가 허허 웃고 나서 설명했어요.

"우주에는 정해진 법칙이 있어. 그 법칙대로 지구와 달과 해는 일정한 거리를 두고 움직이고 있지. 해와 달이 떨어지거나 충돌할 염려는 없단다."

"그런데 할아버지, 땅이 꺼지면 어떡하지요?"

진수가 계속해서 묻자 할아버지는 또 너털웃음을 터뜨렸습니다.

"땅은 흙이 모여서 이루어졌어. 그 흙은 사방을 가득 메우고 있고. 그래서 우리가 밟고 걸을 수 있는 거야. 그런 땅이 무너지겠니?"

그러니 쓸데없는 걱정 하지 말라는 거였어요.

"아하, 그렇구나."

아주 넓고 넓어서 그 끝을 알 수 없는 것이 우주라고 했습니다. 신비로운 우주 한 구석을 차지하고 있는 것이 우리가 살고 있는 땅이지요. 우주 속에 살고 있는 인간은 작은 먼지에 지나지 않는 존재라고 했어요.

"잘 알았습니다. 그런데 할아버지…."

"이번엔 또 뭐냐?"

"우리 집 화장실이 폭발하면 어쩌죠?"

"뭐야, 이 녀석이?"

"할아버지도 한번 상상해 보세요."

"어허, 그래도 이 녀석이…."

진수는 꿀밤을 두어 차례 꽁꽁 얻어맞았습니다.

우리가 살고 있는 지구는 검고 거칩니다. 그런 지구를 초록색으로 가꾸어야 합니다. 그리고 답답하거나 마음대로 되지 않는 일이 있을 때, 한 번쯤 우주를 생각해 보면 좋을 것입니다. 우리 마음도 그만큼 넓어질 테니까요.

천지현황 우주홍황 天地玄黃 宇宙洪荒

풀이⋯⋯하늘은 가물가물하고 땅은 누르며, 우주는 넓고도 거칠다.

뜻⋯⋯⋯⋯우주를 이루는 땅과 하늘은 넓고 커서 끝이 없다. 즉 세상의 넓음과 신비로운 우주를 뜻한다.

숨은그림찾기

돋보기 반달 天(천) 宇(우) 토끼 밤 삼각자

하늘천天 따지地 천자문 千字文

2. 일월영측 진수열장 日月盈昃 辰宿列張
　　날 일 日　달 월 月　찰 영 盈　기울 측 昃
　　별 진 辰　잘 숙 宿　벌릴 렬(열) 列　베풀 장 張

풀이 …… 해는 서쪽으로 기울고, 달도 차면 기운다. 별들은 각각 제자리에 펼쳐져 있다.

뜻 …… 해는 아침에 떴다가 저녁에 지고, 달은 커졌다 작아졌다 하며, 별은 정해진 자리에 나타났다가 사라진다.
즉 규칙적으로 움직이는 우주의 조화를 나타낸 것이다.

3. 한래서왕 추수동장 寒來暑往 秋收冬藏
　　찰 한 寒　올 래 來　더울 서 暑　갈 왕 往
　　가을 추 秋　거둘 수 收　겨울 동 冬　감출 장 藏

풀이 …… 추위가 오면 더위가 가니, 가을에는 거둬들이고 겨울에는 저장한다.

뜻 …… 더위가 가면 추위가 오고, 가을에 거두어들이고 겨울을 위해 저장한다. 그것은 피할 수 없는 자연의 조화이며 순리라는 뜻이다.

4. 윤여성세 율려조양 閏餘成歲 律呂調陽
　　윤달 윤 閏　남을 여 餘　이룰 성 成　해 세 歲
　　법 률(율) 律　음률 려 呂　고를 조 調　볕 양 陽

풀이── 윤달의 남은 것으로 해를 이루고, 계절마다 어울리는 음률을 가지고 음양을 어우러지게 한다.

뜻──── 음과 양의 조화로써 달력을 만든 옛 사람들의 과학적인 생활을 엿볼 수 있다.

5. 운등치우 노결위상 雲騰致雨 露結爲霜
　　구름 운 雲　오를 등 騰　이를 치 致　비 우 雨
　　이슬 로(노) 露　맺을 결 結　할 위 爲　서리 상 霜

풀이── 구름이 올라가 비가 되고, 이슬이 엉키어 서리가 된다.

뜻──── 비와 이슬은 풀과 나무를 자라게 하고, 서리는 마르게 한다. 자연현상의 기묘한 변화를 통해 살아가는 지혜를 얻게 된다.

아래 글의 뜻에 맞는 낱말을 오른쪽에서 찾아 보세요.

① 겨울철에 기온이 갑자기 내려가는 현상.
② 목적한 바를 이룸.
③ 말이나 글의 끝을 맺는 부분.
④ 볕이 바로 드는 곳.
⑤ 겨울 장군이라는 뜻으로, 혹독한 겨울 추위를 비유적으로 이르는 말.
⑥ 나날이 다달이 자라거나 발전함.
⑦ 비가 온 뒤에 여기저기 솟는 죽순이라는 뜻으로, 어떤 일이 한때에 많이 생겨남을 비유적으로 이르는 말.
⑧ 죽은 뒤에라도 은혜를 잊지 않고 갚음을 이르는 말.
⑨ 구름처럼 모인다는 뜻으로, 많은 사람이 모여드는 것을 이르는 말.
⑩ 장 씨의 셋째 아들과 이 씨의 넷째 아들이라는 뜻으로, 이름이나 신분이 특별하지 아니한 평범한 사람들을 이르는 말.

숨은 한자어 찾기

上	日	寶	社	金	冬	將	軍	琛
配	李	就	永	太	所	寒	波	馬
英	二	所	月	請	張	三	李	四
多	根	根	元	將	美	小	姜	江
內	結	草	報	恩	充	川	來	山
美	承	成	報	地	博	眞	陽	周
全	閔	就	補	銀	眞	地	手	淸
後	旻	以	周	雨	後	竹	筍	聽
所	雲	集	常	想	作	門	汶	都
馬	道	波	米	聞	調	結	論	度

실력이 몰라보게 늘어나는구나.

 **고마워, 자두야**

<8>
과진이내 채중개강 果珍李柰 菜重芥薑
열매 과 果   보배 진 珍   오얏 리(이) 李   벗 내 柰
나물 채 菜   무거울 중 重   겨자 개 芥   생강 강 薑

엉뚱이 진수는 여름이면 땀띠 때문에 고생합니다.

"택배요."

인터폰 소리에 뛰어나간 진수가 현관문을 열었습니다.

"무슨 택배니?"

주방에서 일하던 엄마가 다가왔습니다.

"시골에서 왔나 보다."

할아버지도 서재에서 나왔습니다. 택배 상자 안에는 자두와 싱싱한 자두나무 잎이 들어 있었습니다.

"내가 보내라고 했다. 욕조에 물 받아서 자두나무 잎을 띄우고 목욕하렴. 땀띠가 나을 거야."

진수는 할아버지가 시키는 대로 했습니다. 땀띠가 난

얼굴도 담갔다가 푸푸 숨을 몰아쉬곤 했습니다.

다음 날 점심때였습니다.

엄마가 시원한 냉면을 만들었습니다.

"할아버지, 진짜 신기해요. 땀띠가 가라앉았어요. 가렵지도 않아요."

진수는 할아버지와 엄마에게 손등과 얼굴을 보여 주었습니다.

"땀띠약을 발라도 소용없었는데, 참 신통하네요."

"그러게 말이다. 자두나무는 원래 이름이 오얏나무인데, 아주 오래 전 중국에서 들여왔지. 땀띠를 낫게 할 뿐 아니라 목이 아프거나 기침이 날 때 자두를 태워 먹으면 좋다고 한단다."

"정말 고마운 나무네요. 아버님, 냉면 불겠어요. 어서 드세요."

"그래, 아주 시원하고 맛있겠는걸."

할아버지는 잘게 썬 생강과 겨자를 넣고 먹기 시작했습니다. 진수에게도 권했습니다.

생강을 먹어 본 진수는 얼굴을 찡그렸습니다. 겨자를 찍어 먹고는 매워서 입을 호호 불었습니다.

"헛, 녀석도. 생강과 겨자는 위장을 튼튼하게 해 주고,

소화불량에도 좋은 거야. 나는 배탈이 나거나 소화불량에 걸려 본 일이 별로 없다. 그게 다 생강과 겨자 덕이야."

할아버지는 냉면에 겨자를 더 풀어 넣고 후루룩 국물을 마셨습니다.

이처럼 이로운 겨자와 생강을 더 가까이해야겠습니다. 이 이야기에 나오는 채소뿐 아니라 여러 가지 과일과 채소도 우리 몸을 튼튼히 하는 데 도움을 줍니다. 고기만 좋아하지 말고 채소와 과일도 많이 먹어야 합니다.

과진이내 채중개강 果珍李柰 菜重芥薑

풀이 과일 중에는 오얏과 능금이 보배스럽고, 채소 중에는 겨자와 생강이 중요하다.

뜻 인간이 먹고 살아가는 음식물 중에서 과일과 채소는 매우 중요하다는 말이다.

숨은그림찾기

대추 果(과) 사과 李(이) 감 무 리코더

하늘천따지 천자문 千字文

6. 금생여수 옥출곤강 金生麗水 玉出崑岡

쇠 금 金   날 생 生   고울 려(여) 麗   물 수 水
구슬 옥 玉   날 출 出   산 이름 곤 崑   산등성이 강 岡

풀이……금은 여수에서 나고, 옥은 곤륜산에서 나온다.

뜻………좋은 금과 옥이 특별한 곳에서 나는 것처럼, 훌륭한 인재는 좋은 가문에서 나온다는 것을 비유할 때 쓴다.

7. 검호거궐 주칭야광 劍號巨闕 珠稱夜光

칼 검 劍   이름 호 號   클 거 巨   대궐 궐 闕
구슬 주 珠   일컬을 칭 稱   밤 야 夜   빛 광 光

풀이……칼에는 거궐이 있고, 구슬에는 야광주가 있다.

뜻………거궐은 중국의 유명한 칼로, 땅 위에 있는 칼 중의 보배로 여겼다. 야광주는 어두운 밤에도 밝은 빛을 내는 구슬로, 아주 귀하게 여기던 것이다.

9. 해함하담 인잠우상　海鹹河淡　鱗潛羽翔
　　바다 해 **海**　짤 함 **鹹**　물 하 **河**　싱거울 담 **淡**
　　비늘 린(인) **鱗**　잠길 잠 **潛**　날개 우 **羽**　날 상 **翔**

풀이······ 바닷물은 짜고 민물은 싱겁다. 비늘 있는 고기는 물속에 잠기고, 날개 있는 새는 공중을 날아다닌다.

뜻········ 강물이 모여 바닷물이 되며, 그곳에는 고기가 산다. 하늘에는 새가 날아다닌다. 즉 묘하고 신비한 자연을 말하는 것이다.

10. 용사화제 조관인황　龍師火帝　鳥官人皇
　　용 룡(용) **龍**　스승 사 **師**　불 화 **火**　임금 제 **帝**
　　새 조 **鳥**　벼슬 관 **官**　사람 인 **人**　임금 황 **皇**

풀이······ 용사의 *복희씨와 화제의 *신농씨가 있었고, 조관의 *소호씨와 *인황씨가 있었다. 용사는 용으로, 화제는 불굴, 인황은 봉황으로 벼슬아치의 이름을 지었다.

뜻········ 옛날 사람들은 벼슬아치 이름으로 짐승을 많이 이용하였는데, 이는 자연에 잘 따르며 살았다는 뜻이다.

　　*복희씨, 신농씨, 소호씨, 인황씨: 옛날 중국 왕들의 이름.

 말하는 무덤

<14>
좌조문도 수공평장 坐朝問道 垂拱平章
앉을 좌 坐 아침 조 朝 물을 문 問 길 도 道
드리울 수 垂 팔짱 낄 공 拱 평평할 평 平 밝을 장 章

엉뚱이 진수가 할아버지 서재로 들어왔습니다. '옛날 충신에 대한 책을 읽고 독후감 쓰기' 숙제를 해야 하거든요.

책장에서 '신라 시대의 충신'이란 책을 뽑았습니다. '말하는 무덤'이라는 제목이 눈길을 끌었습니다.

신라 진평왕은 54년 동안 왕의 자리에 있었습니다. 진평왕은 사냥하기를 좋아했습니다. 사냥에 빠져 나라 일을 잘 돌보지 않았습니다. 백성들은 왕을 원망하였습니다.

그런데 다행히 바른 소리 잘하는 김후직이라는 충신

이 있었습니다.

"전하, 사냥은 이제 그만하십시오. 나랏일을 돌보십시오."

김후직은 목숨 걸고 충언을 하였습니다.

"하지 말라, 하지 말라, 그 입 좀 다무시오."

진평왕은 김후직이 못마땅했습니다.

"부디 백성들을 보살펴 주십시오, 전하."

"어허, 또 그 소리요!"

진평왕은 버럭 화를 내고는 사냥꾼을 거느리고 사냥터로 나갔습니다.

얼마 후 병으로 앓아누웠던 김후직이 위독해졌습니다. 그러자 세 아들을 불러 놓고 말했습니다.

"내가 죽거든, 왕이 사냥하러 나가는 길옆에 나를 묻도록 해라."

아들들은 아버지의 유언대로 하였습니다.

어느 날, 진평왕이 사냥을 갈 때였습니다.

"전하, 가지 마십시오!"

어디선가 들려오는 소리에 왕은 말을 멈추었습니다.

"전하, 백성들을 돌보십시오!"

"아니, 죽은 김후직의 목소리가 아니냐. 도대체 어디

서 나는 소리냐?"

왕의 물음에 한 신하가 무덤을 가리키며 자세히 이야기하였습니다.

"오, 김후직!"

왕은 목이 메었습니다.

"죽어서도 내게 충성을 하다니…."

깊이 반성한 진평왕은 말을 돌려 궁으로 돌아갔습니다.

"오, 감동인데!"

진수는 기분 좋게 독후감을 쓰기 시작했습니다.

좌조문도 수공평장 坐朝問道 垂拱平章

풀이⸺이른 아침에 임금과 신하가 서로 의논하고 물으면, 팔짱을 끼고 한가롭게 있어도 천하가 평안하다.

뜻⸺임금과 신하가 서로 의견을 나누어 정치를 하면 나랏일이 저절로 잘 이루어진다는 말이다.

숨은그림찾기

말머리 쭈(평) 책 도(道) 활 셔틀콕 새

말하는 무덤

아래 글의 뜻에 맞는 낱말을 오른쪽에서 찾아 보세요.

① 사람이 어떤 입장에서 마땅히 행하여야 할 바른 길.
② 자기의 이익을 위해 교활한 꾀를 써서 남을 속이고 놀리는 것을 이르는 말.
③ 삶에 본보기가 될 만한 귀중한 내용을 담고 있는 짤막한 어구.
④ 진구렁에 빠지고 숯불에 탄다는 뜻으로, 몹시 곤궁하여 고통스러운 지경을 이르는 말.
⑤ 아닌 게 아니라 정말로. 주로 생각과 실제가 같음을 확인할 때에 쓴다.
⑥ 살아 있는 한평생의 기간.
⑦ 귀한 자손.
⑧ 알고자 하는 바를 얻기 위해 물음.
⑨ 이루어 낸 결실. '보람'으로 순화.
⑩ 다른 사람이나 어떤 목적을 위하여 자신의 목숨, 재산, 명예, 이익 따위를 바치거나 버림.

숨은 한자어(한글) 찾기

측	성	조	우	조	정	사	모	금
뢰	과	기	랭	돈	삼	추	언	경
현	곳	바	생	뜻	분	모	독	충
음	계	떤	애	뒤	진	비	사	경
갚	과	뒤	온	금	침	수	도	제
혜	연	기	말	지	수	리	성	승
림	시	좋	국	옥	생	몽	크	찬
영	혼	위	만	엽	곤	측	도	태
죽	희	한	질	고	이	매	탄	춘
생	움	아	싹	문	옥	붕	륙	돼

마음에 새길 말이 참 많아!

 **엄마의 눈물**

<20>
공유국양 기감훼상 恭惟鞠養 豈敢毁傷
공손할 공 恭 생각할 유 惟 기를 국 鞠 기를 양 養
어찌 기 豈 감히 감 敢 헐 훼 毁 다칠 상 傷

"파출소지요? 할머니 한 분이 보따리를 들고 서성거리고 있어요. 벌써 한 시간째예요."
"거기 어디죠? 네, 네, 알겠습니다."
신고를 받은 경찰이 곧 달려왔습니다.
"할머니, 왜 여기 계세요?"
"응, 내 딸이 병원에서 아기를 낳았어."
할머니는 그 말만 되풀이했습니다. 자신의 이름이나 주소조차 모르는, 치매에 걸린 할머니였습니다.

경찰은 할머니가 슬리퍼를 신고 있어서 동네 주민일 것으로 생각하고 주위 사람들에게 물어 보았지만 허탕이었습니다.

"내 딸이 아기를 낳아 병원에 있어."

할머니는 보따리를 껴안고 눈물을 흘렸습니다.

경찰은 할머니를 파출소로 데려갔습니다.

경찰이 따뜻한 차를 권하고 이런저런 이야기를 나누는 동안, 할머니는 자신의 이름과 사는 곳을 기억해 냈습니다.

경찰은 기뻐하며 할머니와 함께 주민센터로 갔습니다. 가족관계증명서를 살펴보고 아들이 있다는 것을 알았습니다.

곧 아들과 통화를 할 수 있었습니다. 아들의 누이가 아이를 낳아 병원에 있다는 것도 알아냈습니다.

"할머니, 병원으로 모셔다 드리겠습니다."

할머니를 순찰차에 태운 경찰은 병원으로 갔습니다.

"아이고, 내 새끼! 수고했다."

할머니는 갓 낳은 아기와 함께 누워 있는 딸의 손을 움켜쥐었습니다. 그리고는 자신이 가지고 있던 보따리를 풀었습니다.

"얼마나 힘들었니. 어서 먹어라, 애썼다."

보따리에서 꺼낸 쌀밥과 미역국을 딸에게 건넸습니다.

"엄마…."

딸은 눈물을 줄줄 흘렸습니다. 온전치 못한 정신에도 자신을 위하는 어머니여서 더 눈물이 났습니다.

세상의 어버이들은 이처럼 자신의 몸이 불편해도 오직 자식만을 생각합니다.

조선 시대 유명한 학자이며 정치가였던 율곡 이이는 "천하의 모든 물건 중에서 내 몸보다 중요한 것은 없다. 그 몸은 바로 부모님이 주셨다. 우리의 몸을 잘 보호해서 부모님의 은공에 보답해야 한다."라고 했습니다.

공유국양 기감훼상 恭惟鞠養 豈敢毀傷

풀이 부모의 은공을 생각한다면 어찌 몸을 더럽히거나 상하게 할 수 있으랴.

뜻 부모에게 효도하는 기본은 자기 몸을 상하지 않게 하는 것이라는 뜻이다.

숨은그림찾기

컵 슬리퍼 恭(공) 손목시계 崀(기) 양말 열대어

하늘천따지 천자문 千字文

11. 시제문자 내복의상 始制文字 乃服衣裳
　비로소 시 **始**　지을 제 **制**　글월 문 **文**　글자 자 **字**
　이에 내 **乃**　옷 복 **服**　옷 의 **衣**　치마 상 **裳**

풀이⋯⋯처음으로 글자를 만들고, 옷을 지어 입었다.

뜻⋯⋯⋯옛날에는 중국도 문자가 없어서 불편한 생활을 했다. 그러자 복희씨가 문자를 만들어 그 불편을 없앴다. 또한 옷을 만들어 사람들에게 입도록 하였다.

12. 퇴위양국 유우도당 推位讓國 有虞陶唐
　밀 퇴 **推**　자리 위 **位**　넘겨줄 양 **讓**　나라 국 **國**
　있을 유 **有**　나라 이름 우 **虞**　질그릇 도 **陶**　당나라 당 **唐**

풀이⋯⋯요임금의 아들 단주는 임금 자리를 사양했으며, 순임금은 신하 중에 어질고 덕이 있는 우에게 나라를 넘겨주었다.

뜻⋯⋯⋯이 시대를 *요순 시대라고 하는데, 분수에 맞고 평화롭게 살던 시대를 말한다.

　　　＊요순 시대 : 요임금과 순임금이 덕으로 천하를 다스리던 시대라는 뜻으로, 나라가 태평했던 시대를 일컫는다.

13. 조민벌죄 주발은탕 弔民伐罪 周發殷湯
　　위문할 조 弔　백성 민 民　칠 벌 伐　허물 죄 罪
　　나라 주 周　필 발 發　은나라 은 殷　끓을 탕 湯

풀이 — 백성을 불쌍히 여기고 죄지은 임금을 벌한 것은 주나라 무왕(발)과 은나라 탕왕이었다.

뜻 — 옛날 중국 하나라 걸왕과 은나라 주왕은 매우 잔인하고 포악하여 백성들을 몹시 괴롭혔다. 그러자 이것을 보다 못한 주나라 무왕은, 그들의 신하이면서도 걸왕과 주왕을 벌했다고 한다. 신하일지라도 임금이 잘못을 저지르면 그냥 넘겨서는 안 된다.

15. 애육여수 신복융강 愛育黎首 臣伏戎羌
　　사랑 애 愛　기를 육 育　검을 려(여) 黎　머리 수 首
　　신하 신 臣　엎드릴 복 伏　오랑캐 융 戎　오랑캐 강 羌

풀이 — 검은 머리(백성)를 사랑으로 다스리면, 오랑캐들까지 신하가 되어 복종한다.

뜻 — 임금이 사랑으로 나라를 다스리면 다른 나라 백성들도 기꺼이 따른다. 백성을 사랑하는 임금의 도리를 이른 말이다.

 **너, 너 비겁해**

<28>
공곡전성 허당습청 空谷傳聲 虛堂習聽
빌공 空 골곡 谷 전할전 傳 소리성 聲
빌허 虛 집당 堂 익힐습 習 들을청 聽

쉬는 시간이 되자 엉뚱이 진수와 짝꿍 동수는 화장실로 달려갔습니다.

"곤충과자를 먹다니 으, 징그러워. 못 먹는 게 없어."

소변을 보며 진수가 얼굴을 찡그렸습니다.

"우람이 걔, 아마 개구리도 먹을 거야."

동수는 욱, 토하는 시늉을 했습니다. 수업 시간에 곤충과자를 먹다 걸린 우람이 흉을 보는 것입니다. 우람이는 덩치가 크고 힘이 세 헐크라고 불립니다.

볼일을 마친 두 아이는 낄낄거리며 교실로 들어갔습니다.

점심 급식을 먹고 나서였습니다.

"야, 엉뚱이 너!"

꽥 소리치는 바람에 진수는 움찔했습니다.

"내가 곤충과자를 먹건 지렁이를 먹건 웬 참견이야."

우람이의 거친 말에 진수는 놀랐습니다. 주위에 있던 아이들이 말리지 않았으면 한 대 얻어맞았을지도 모릅니다.

'동수, 네가 고자질했지?'

진수는 동수를 의심하는 눈빛으로 쳐다봤습니다.

학교가 끝난 후, 학원 가는 길에서였습니다.

"야, 김동수."

우람이가 이번에는 진수의 짝꿍을 불러 세웠습니다.

"그래, 나 개구리도 먹는다. 어쩔래?"

동수는 잘못했다고 빌었습니다. 동수 역시 짝꿍 진수를 의심하는 눈빛으로 쳐다봤습니다.

집에 돌아간 진수와 동수는 분해서 견딜 수가 없었습니다.

휴대전화 문자를 주고받은 두 아이가 만났습니다. 식식 숨을 몰아쉬면서요.

"김동수, 네가 고자질했지?"

"뭐, 너야말로 그럴 줄 몰랐어."

서로를 의심했습니다.

"비겁해!"

"누가 할 소릴!"

험악한 얼굴로 으르렁거렸습니다.

그런데 누가 고자질한 게 아니었습니다. 진수와 동수가 화장실에서 이야기를 나눌 때, 배탈 난 우람이가 변기에 앉아 볼일을 보고 있었습니다. 그것도 모르고 두 아이는 우람이 흉을 보았던 것입니다.

'낮말은 새가 듣고, 밤말은 쥐가 듣는다'는 속담이 있지요. 언제 어디서나 말조심해야 합니다.

공곡전성 허당습청 空谷傳聲 虛堂習聽

풀이……빈 계곡이나 빈 집에서 소리가 울려 퍼진다.

뜻………아무도 없는 곳에서는 듣는 이가 없을 것 같지만, 신은 그런 곳에서도 들을 수 있다. 그러니 언제 어느 때라도 말조심을 해야 한다는 뜻이다.

숨은그림찾기

새 空(공) 쥐 堂(당) 개구리 휴대전화 딸기

아래 글의 뜻에 맞는 낱말을 오른쪽에서 찾아 보세요.

① 옷과 음식과 집을 통틀어 이르는 말. 인간 생활의 세 가지 기본 요소이다.

② 일 따위를 처음부터 끝까지 한결같이 함.

③ 생각이나 감정을 말과 글로 표현할 때 완결된 내용을 나타내는 최소의 단위.

④ 빈손으로 왔다가 빈손으로 간다는 뜻으로, 재물에 욕심 부릴 필요가 없음을 이르는 말.

⑤ 아무것도 없는 빈 곳.

⑥ 어떤 집단이나 공동체에서, 지난 시대에 이미 이루어져 계통을 이루며 전하여 내려오는 사상·관습·행동 따위의 양식.

⑦ 시, 소설, 그림 따위의 작법이나 기법을 익히기 위하여 연습 삼아 짓거나 그려 봄.

⑧ 생물이 살아가는 데 필요한 에너지와 몸을 구성하는 데 필요한 성분.

⑨ 한 사람의 일생 동안 행적을 적은 기록.

⑩ 하는 일이 잘되도록 격려하거나 도와줌.

숨은 한자어 찾기

市	多	現	完	再	傳	宇	嗲	名
集	衣	食	住	部	記	般	文	洞
民	柱	刪	趑	所	法	章	兵	期
作	空	時	電	習	自	勤	海	浩
遇	間	成	作	李	熱	馬	營	張
傳	流	武	金	社	聲	鏞	養	自
生	統	進	政	援	倅	産	基	始
理	英	廣	度	家	喇	土	里	終
河	空	手	來	空	手	去	鶴	一
動	人	末	位	考	勝	集	錄	貫

먹고, 입고, 살 집이 있어야지.

공부도 습관이 필요해

<35>
천유불식 연징취영 川流不息 淵澄取映
내 천 川 흐를 류 流 아니 불 不 쉴 식 息
못 연 淵 맑을 징 澄 취할 취 取 비칠 영 映

진수는 엄마와 식탁에 마주 앉았습니다.

"엄마 친구한테 전화 왔는데, 이번 여름방학에 아들을 공부 캠프에 보낸대."

"공부 캠프요?"

"그래, 공부 습관 들이기에 좋다는데 너도 가 볼래?"

"글쎄요."

서재에서 할아버지가 나왔습니다.

"평생 해도 다 못 하는 게 공부지. 공부에 대한 이야기 하나 해 주마."

'또 이런 이야기겠지. 등잔불을 켤 기름 구할 돈이 없이 가난해서, 여름에는 비단 주머니에 반딧불이를 담

아 그 불빛으로 밤새워 공부를 했다. 겨울밤에는 환한 눈빛으로 글을 읽으며 공부를 했다. 너무 뻔해.'

진수는 할아버지로부터 여러 번 들은 이야기를 떠올렸습니다.

그런데 오늘은 아니었습니다.

"집이 가난하여 밤에 등불을 켤 기름이 없었단다. 생각 끝에 이웃집 벽에 구멍을 뚫고, 구멍으로 새어 나오는 불빛으로 공부를 했지. 그렇게 공부한 결과 마침내 큰 학자가 되었단다."

할아버지는 공부란 쉼 없이 하는 자세가 필요하다고 했습니다.

"아버님, 이번 여름방학에 진수를 공부 캠프에 보내려고요."

"공부 캠프에?"

"네, 공부하는 습관을 길러 보려고요."

"진수 네 생각은 어떠냐?"

"갈 거예요, 할아버지."

진수가 명랑한 목소리로 대답했습니다.

"잘 생각했다. 공부도 경험이다."

할아버지가 유쾌하게 웃었습니다.

"그런데 할아버지."

진수가 갑자기 심각한 표정을 지었습니다.

"외계인이 공부 캠프를 자루에 담아 가면 어쩌죠?"

"뭐, 이 녀석 또 엉뚱한 질문이냐?"

할아버지가 꿀밤을 먹이려고 했습니다.

진수는 헤헤 웃으며 달아났습니다.

그렇습니다. 바른 사람이 되기 위해서는 쉬지 않고 학문과 몸을 닦아야 합니다. 마치 흐르는 물처럼 쉼 없이요.

천류불식 연징취영 川流不息 淵澄取映

풀이 냇물은 쉬지 않고 흐르고, 맑은 연못은 속까지 훤히 보인다.

뜻 냇물이 쉬지 않고 흐르듯, 사람도 쉬지 않고 학문과 몸을 닦아야 한다. 또한 맑은 연못의 물처럼 마음을 맑게 가지면 옳고 그름을 쉽게 판단할 수 있다.

숨은그림찾기
연필 川(천) 반딧불이 不(불) 주먹 야구모자 빗

16. 하이일체 솔빈귀왕　遐邇壹體　率賓歸王
　　　 멀 하 遐　 가까울 이 邇　 하나 일 壹　 몸 체 體
　　　 거느릴 솔 率　 손 빈 賓　 돌아갈 귀 歸　 임금 왕 王

풀이……먼 곳이나 가까운 곳이 한 몸이 되어 손잡고 임금에게 돌아
　　　온다.

뜻………임금이 백성을 잘 다스리면 임금의 덕에 감화하여, 다른 나라
　　　에서까지 모여든다는 말이다.

17. 명봉재수 백구식장　鳴鳳在樹　白駒食場
　　　 울 명 鳴　 새 봉 鳳　 있을 재 在　 나무 수 樹
　　　 흰 백 白　 망아지 구 駒　 밥 식 食　 마당 장 場

풀이……봉황은 나무에서 울고, 흰 망아지는 마당에서 풀을 뜯는다.

뜻………훌륭한 임금이 나라를 잘 다스려 천하가 태평하고 살기 좋은
　　　것을 말한다.

18. 화피초목 뢰급만방　化被草木　賴及萬方
　　될 화 **化**　입을 피 **被**　풀 초 **草**　나무 목 **木**
　　힘입을 뢰 **賴**　미칠 급 **及**　일만 만 **萬**　모 방 **方**

풀이……임금의 덕은 나무에까지 미치며, 그 힘은 온 천하에 가득 찬다.

뜻………밝고 지혜로운 임금의 덕은 온 나라 구석구석까지 미치지 않는 곳이 없다는 말이다.

19. 개차신발 사대오상　蓋此身髮　四大五常
　　덮을 개 **蓋**　이 차 **此**　몸 신 **身**　터럭 발 **髮**
　　넉 사 **四**　큰 대 **大**　다섯 오 **五**　항상 상 **常**

풀이……사람의 몸은 사대와 오상으로 되어 있다.

뜻………사대란 땅·물·불·바람을, 오상은 인·의·예·지·신을 말한다. 즉 사대로 된 몸을 오상으로 잘 다스려야 한다는 말이다.

아래 글의 뜻에 맞는 낱말을 오른쪽에서 찾아 보세요.

① 산과 내와 풀과 나무라는 뜻으로, '자연'을 이르는 말.

② 농사가 아주 잘됨.

③ 한 언어에서, 사용 지역 또는 사회 계층에 따라 분화된 말의 체계. 표준어가 아닌 말, 사투리.

④ 여기저기 모든 방향이나 방면.

⑤ 한 사람의 몸이나 처신, 또는 그의 주변에 관한 일이나 형편.

⑥ 현실에 실제로 있음. 또는 그런 대상.

⑦ 짚이나 갈대 따위로 지붕을 인 집.

⑧ 백 번 듣는 것이 한 번 보는 것만 못하다는 뜻.

⑨ 임금의 자리.

⑩ 큰 소리로 몹시 슬프게 곡을 함.

숨은 한자어(한글) 찾기

세	속	이	정	간	손	평	왕	말
빠	산	천	초	목	여	남	위	어
종	구	니	숯	에	체	대	탄	신
대	풍	년	일	삯	성	음	거	상
한	탄	초	놀	통	책	게	백	을
쯔	가	소	곡	뱀	쌍	르	문	바
몸	로	사	방	팔	방	보	불	쭈
삶	송	로	찾	뜻	맞	트	여	따
닌	존	좋	방	를	람	럭	일	다
짤	재	쌍	예	언	위	림	견	목

내 눈으로 직접 보는 게 확실하지.

벽화에서 날아간 용

<37>

독초성미 신종의령 篤初誠美 愼終宜令
도타울 독 篤 처음 초 初 정성 성 誠 아름다울 미 美
삼갈 신 愼 마칠 종 終 마땅 의 宜 하여금 령 令

유명한 화가가 있었습니다. 온갖 것을 마치 살아 있는 것처럼 그려 내는 재주를 가졌는데, 술을 무척 좋아했습니다.

어느 날 한 스님이 찾아왔습니다.

"우리 절 벽에 용 그림을 그려 주세요. 그림값은 얼마든지 드리겠습니다."

"알겠습니다."

화가는 용을 그리기 시작했습니다. 먹구름을 뚫고 하늘로 올라가는 그림이었습니다. 비늘 하나까지 살아 있는 것처럼 정성을 다해서 그렸습니다.

"와, 용이 마치 하늘로 오르는 것 같아."

"대단한 솜씨로군. 세상에 이런 화가는 없을 거야."

그림을 본 사람들마다 화가를 칭찬하며 놀라워했습니다.

기분 좋아진 화가는 술을 마셨습니다.

"암, 이 세상에 나만 한 화가는 없지. 으허허허."

화가는 술을 마시느라 끝마무리를 하지 않은 채 붓을 내던졌습니다. 그림은 거의 완성되었지만 용의 눈동자를 그리지 않아 휑한 모습이었습니다.

"왜 눈동자가 없지?"

"뭐 저런 그림이 다 있어."

사람들이 이상하다고 수군거렸습니다.

스님은 화가에게 물었습니다.

"왜 용의 눈동자를 안 그렸습니까? 무슨 까닭이 있습니까?"

스님의 물음에 화가는 빙그레 웃었습니다.

"미안합니다. 제가 술에 취해서 그만…."

"뭐라고요? 그러면 당장 눈동자를 그려요. 세상에 눈동자 없는 용의 눈이 어디 있어요?"

스님의 성화에 화가는 붓에 먹물을 찍었습니다. 그러고는 첫 번째 용에 눈동자를 그려 넣었습니다.

그 순간이었습니다. 번개 천둥이 일면서 용이 벽에서 뛰쳐나와 하늘로 올라갔습니다.

"으악!"

사람들은 놀라 비명 같은 탄성을 질렀습니다.

잠시 후, 놀란 가슴을 가라앉힌 사람들이 벽을 살펴봤습니다.

"아니… 세상에, 이럴 수가…."

아직 눈동자를 그려 넣지 않은 용은 벽에 그대로 남아 있는 게 아니겠습니까.

눈동자를 그려 넣은 용 그림처럼 모든 일은 시작과 끝을 정성 들여 해야 합니다.

독초성미 신종의령 篤初誠美 愼終宜令

풀이──시작을 정성 들여 해야 하며, 끝도 마땅히 그렇게 해야 한다.

뜻──시작만 잘해서는 안 되고, 끝만 잘해서도 안 된다. 시작부터 끝마무리까지 정성을 다해야 모든 일이 잘된다는 말이다.

숨은그림찾기

美(미) 붓 목탁 宜(의) 압정 화가모자 고추

벽화에서 날아간 용

하늘천짯지 천자문 千字文

21. 여모정렬 남효재량 女慕貞烈 男效才良
   계집 녀(여) **女** 사모할 모 **慕** 곧을 정 **貞** 굳셀 렬 **烈**
   사내 남 **男** 본받을 효 **效** 재주 재 **才** 어질 량 **良**

풀이······ 여자는 굳은 절개가 있어야 하고, 남자는 어질고 재주가 있는 사람을 본받는다.

뜻········ 여자는 바르고 굳은 정조가 있어야 하고, 남자는 어질고 재주가 있어야 한다. 즉 여자와 남자의 기본 성품을 말하는 것이다.

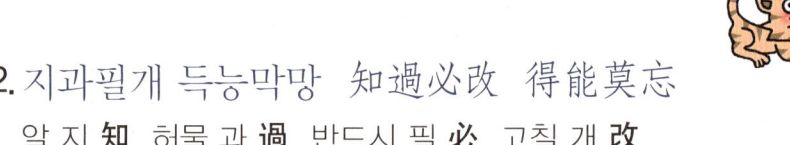

22. 지과필개 득능막망 知過必改 得能莫忘
   알 지 **知** 허물 과 **過** 반드시 필 **必** 고칠 개 **改**
   얻을 득 **得** 능할 능 **能** 말 막 **莫** 잊을 망 **忘**

풀이······ 자신의 잘못을 알면 반드시 고치고, 득이 되는 일은 잊지 말아야 한다.

뜻········ 자기에게 잘못이 있다고 깨달았을 때는 반드시 착한 행동으로 바꾸어야 하고, 그 착한 행동을 실천해야 한다는 말이다.

23. 망담피단 미시기장 罔談彼短 靡恃己長
말 망 **罔**   말씀 담 **談**   저 피 **彼**   짧을 단 **短**
없을 미 **靡**   믿을 시 **恃**   몸 기 **己**   길 장 **長**

풀이⋯⋯ 남의 단점을 말하지 말고, 자기의 장점을 믿지 말라.

뜻⋯⋯⋯ 함부로 남의 흉을 보아서는 안 되고, 자기를 뽐내며 자랑하지 말아야 한다는 뜻이다.

24. 신사가복 기욕난량 信使可覆 器欲難量
믿을 신 **信**   부릴 사 **使**   옳을 가 **可**   되풀이할 복 **覆**
그릇 기 **器**   하고자 할 욕 **欲**   어려울 난 **難**   헤아릴 량 **量**

풀이⋯⋯ 믿음이 있는 일은 되풀이하며, 사람의 기량은 헤아릴 수 없이 커야 한다.

뜻⋯⋯⋯ 덕을 쌓되 남이 쉽게 알 수 없도록 해야 한다. 즉 남에게 보이기 위해서 착한 일을 해서는 안 된다는 뜻이다.

 헌옷 보따리

<43>
외수부훈 입봉모의 外受傅訓 入奉母儀
밖 외 外 받을 수 受 스승 부 傅 가르칠 훈 訓
들 입 入 받들 봉 奉 어미 모 母 거동 의 儀

어느 나라에 한 재상이 있었습니다.

재상은 늘 무명 보자기에 무엇인가를 싼 보따리를 들고 다녔습니다.

어느 날, 재상을 미워하는 간신이 임금에게 거짓을 고해 바쳤습니다.

"폐하, 재상이 들고 다니는 보따리 속에는 아주 귀한 보물이 들어 있다고 합니다."

임금은 재상을 불러들였습니다.

"들고 다니는 보따리 속에 무엇이 들어 있소?"

"폐하께 보여 드릴 만한 것이 못 됩니다."

"그 보따리를 나에게 보여 주시오."

재상은 조심스럽게 보따리를 풀었습니다. 여러 대신들도 호기심에 찬 눈초리로 지켜보았습니다.

"으음?"

보따리 속에서 나온 것을 본 임금과 대신들은 눈이 둥그레졌습니다. 그것은 여기저기 꿰매고 해진 누더기였습니다.

"아니, 재상은 이런 남루한 옷을 왜 가지고 다니시오?"

"황공합니다, 폐하."

재상은 떨리는 목소리로 이야기를 시작했습니다.

"소신은 어렸을 때 무척 가난하게 살았습니다. 어머니는 오직 자식 하나 잘 키우기 위해 온갖 고생을 하셨습니다."

재상은 어머니의 극진한 사랑으로 공부하여 벼슬길에 올랐다고 했습니다. 그러자 어머니는 아들을 불러 이렇게 말했습니다.

"너는 이제 높은 벼슬자리에 올랐다. 이 어미와 고생스럽게 살던 옛일을 잊어버리게 될 것이다. 그러면 가난한 백성들을 헤아릴 수 없을 것이야."

어머니는 아들이 가난한 시절에 입었던 누더기를 싼 보따리를 주었습니다.

"이 보따리를 볼 때마다 너와 이 어미가 고생하던 일을 생각해라. 그러면 가난한 백성들을 잘 헤아려 돌볼 수 있을 것이다."

"네, 어머니. 어머니 말씀 죽을 때까지 잊지 않겠습니다."

재상의 이야기를 들은 임금과 대신들은 할 말을 잊었습니다.

부모와 스승은 한 몸이라고 했습니다. 스승의 가르침을 따르듯 부모의 가르침도 잘 따라야 합니다.

외수부훈 입봉모의 *外受傅訓 入奉母儀*

> **풀이** 밖에 나가서는 스승의 가르침을 받고, 집 안에서는 어머니의 몸가짐을 본받는다.
>
> **뜻** 밖에서는 스승한테 배우고, 안에서는 부모에게 배우면 더 이상 바랄 것이 없다.

숨은그림찾기
다리미 母(모) 여자고무신 나팔 訓(훈) 버선 새머리

헌옷 보따리

천자문 숨은 漢字語 한자어 찾기

아래 글의 뜻에 맞는 낱말을 오른쪽에서 찾아 보세요.

① 외국에서 들어온 말로 국어처럼 쓰이는 단어. 버스, 컴퓨터, 피아노 따위가 있다.

② 맏아들.

③ 나라와 사회에 크게 공헌한 사람에게 국가 원수가 수여하는 휘장.

④ 인간의 지능이 가지는 학습, 추리, 적응, 논증 따위의 기능을 갖춘 컴퓨터 시스템.

⑤ 어머니와 아들을 아울러 이르는 말.

⑥ 여러 방면에 능통한 사람을 비유적으로 이르는 말.

⑦ 상을 탈 수 있는 등수 안에 듦.

⑧ 처음부터 끝까지의 과정.

⑨ 눈치 빠른 재주. 또는 능란한 솜씨나 말씨.

⑩ 모든 일은 반드시 바른길로 돌아감.

숨은 한자어 찾기

世	俗	入	丁	長	孫	坪	汪	沫
昉	自	仟	賞	目	男	南	危	御
姒	初	儞	人	聞	對	儹	才	致
散	至	漢	初	工	加	母	居	京
寒	終	祿	竺	暹	知	居	子	乙
刊	同	梳	石	盃	子	能	門	枋
嗇	事	泌	歸	正	倣	補	八	宙
彫	悚	攄	茉	杜	臣	吐	方	罰
暖	勳	細	房	樓	覽	羅	美	茶
章	宰	箱	外	來	語	霖	人	睦

처음부터 끝까지 잘하자!

 도로 가져가라

<48>
절의염퇴 전패비휴 節義廉退 顚沛匪虧
절개 절 節 옳을 의 義 청렴 렴(염) 廉 물러갈 퇴 退
뒤집힐 전 顚 자빠질 패 沛 아닐 비 匪 이지러질 휴 虧

어느 산골 마을에 판서 벼슬을 지낸 할아버지가 할머니와 살고 있었습니다.

할아버지는 높은 벼슬을 지낸 사람 같지 않게 농사를 지으며 생활했습니다.

어느 날, 젊은 선비가 할아버지를 찾아왔습니다.

"대감마님, 절 받으십시오."

젊은 선비가 큰절을 했습니다.

"자네가 이 깊은 산골에 웬일인가?"

뜻밖의 손님을 맞은 할아버지는 어리둥절했습니다.

선비는 할아버지가 예전에 판서 벼슬을 할 때 도와준 어떤 사람의 아들이었습니다. 그의 아버지가 억울하게 죄를 뒤집어쓰고 죽을 뻔한 처지에 있을 때 할아버지가 누명을 벗게 해 주었습니다.

"아버님은 안녕하신가?"

절을 받은 할아버지가 물었습니다.

"예, 대감마님. 아버님께서 대감마님을 찾아뵈라고 하여 이렇게 왔습니다."

젊은 선비는 하인이 지고 온 보따리를 할아버지 앞에 풀었습니다.

"대감마님께 드리고 오라 하였습니다."

"그게 뭔가?"

"금입니다."

"금?"

할아버지는 두 눈이 휘둥그레졌습니다.

"대감마님의 은혜에 보답하는 것이옵니다."

"허어, 이럴 수가…."

"대감마님이 아니었으면 아버님은 벌써 죽은 목숨이라면서…."

"알겠네. 하지만 이 금을 받지 못하겠네."

"예? 받지 못하시겠다니요. 대감마님께서 생활이 어려워 고생하신다고 해서…."

"고생이라니, 전혀 그렇지 않아. 비록 산속 오두막 생활이지만, 하루 세 끼 거르지 않고 먹으며 편한 마음으로 즐겁게 지내고 있네."

"그렇지만 대감마님…."

"어서 가져가게. 자꾸 그러면 내가 화를 내겠네."

할아버지의 완강한 태도에 젊은 선비는 금 보따리를 들고 발길을 돌렸습니다.

사람은 언제 어디서라도 욕심 없이 맑은 마음으로 살아야 합니다.

절의염퇴 전패비휴 節義廉退 顚沛匪虧

풀이……옳은 일을 위해서 절개를 지켜야 한다. 어떤 어려움 속에서도 잊어서는 안 된다.

뜻………절개와 의리를 지키고 청렴해야 하며, 벼슬자리에서 물러날 때도 깨끗하게 물러나야 한다. 어떠한 경우에도 옳은 일을 위해서는 마음이 흔들리지 말아야 한다.

숨은그림찾기

호미 낫 국자 남자고무신 匪(비) 비녀 가오리 부엌칼

도로 가져가라

하늘천 따지 천자문 千字文

25. 묵비사염 시찬고양 墨悲絲染 詩讚羔羊

먹 묵 墨   슬플 비 悲   실 사 絲   물들일 염 染
글 시 詩   기릴 찬 讚   염소 고 羔   양 양 羊

풀이——묵자(중국 전국 시대의 사상가)는 흰 실에 물들이는 것을 슬퍼했고, 시경(중국 최고의 시집으로 공자가 편찬하였다고 함)에서는 염소와 양을 칭찬했다.

뜻——흰 실은 빨갛게 물들이면 빨갛게 된다. 사람도 착하게 물드느냐 악하게 물드느냐에 따라 마음과 행동이 달라진다는 뜻이다.

26. 경행유현 극념작성 景行維賢 克念作聖

빛 경 景   다닐 행 行   벼리 유 維   어질 현 賢
이길 극 克   생각 념 念   지을 작 作   성인 성 聖

풀이——행동을 빛나게 하는 사람은 현인이요, 힘써 마음을 닦으면 성인이 된다.

뜻——몸과 마음이 어질고 바르면 누구나 훌륭한 사람이 될 수 있다는 말이다.

27. 덕건명립 형단표정 德建名立 形端表正

덕 덕 德 세울 건 建 이름 명 名 설 립 立
형상 형 形 바를 단 端 겉 표 表 바를 정 正

풀이 — 덕을 쌓으면 명성이 따르고, 모양이 단정하면 그림자도 바르다.

뜻 — 몸이 똑바르면 그림자도 똑바르듯이, 마음이 곧으면 그 이름도 빛이 난다는 말이다.

29. 화인악적 복연선경 禍因惡積 福緣善慶

재앙 화 禍 인할 인 因 악할 악 惡 쌓을 적 積
복 복 福 인연 연 緣 착할 선 善 경사 경 慶

풀이 — 악한 일을 일삼으면 재앙이 닥치고, 선한 일을 일삼으면 복이 쌓인다.

뜻 — 하늘은 스스로 돕는 자를 돕는다는 말처럼, 착한 일을 하면 반드시 복을 받는다는 말이다.

천자문 숨은 漢字語(한글) 찾기

아래 글의 뜻에 맞는 낱말을 오른쪽에서 찾아 보세요.

① 사리에 맞는 훌륭한 말. 널리 알려진 말.

② 복분(福分)의 좋고 좋지 않음이라는 뜻으로, 사람의 운수를 이르는 말.

③ 어린이를 독자로 예상하고 어린이의 정서를 읊은 시.

④ 병을 잘 고쳐 이름난 의원이나 의사.

⑤ 마음에 거짓이나 꾸밈이 없이 바르고 곧음.

⑥ 말과 행동이 하나로 들어맞음. 또는 말한 대로 실행함.

⑦ 지극히 크고 바르고 공명한 천지의 원기(元氣).

⑧ 단단히 먹은 마음이 사흘을 가지 못한다는 뜻으로, 결심이 굳지 못함을 이르는 말.

⑨ 남을 불쌍히 여겨 도와줌.

⑩ 어떤 사물이나 상태를 변화시키거나 일으키게 하는 근본이 된 일이나 사건.

숨은 한자어(한글) 찾기

퀴	선	랑	언	민	우	비	명	종
때	작	뱉	짤	행	빠	강	극	의
유	심	낙	되	졸	일	궁	해	직
계	삼	람	명	욕	툼	치	대	벽
쌍	일	싸	쟁	언	술	것	자	할
꿈	동	송	원	들	에	속	박	선
보	걸	목	제	인	따	정	기	길
국	복	불	복	영	경	문	희	자
현	윤	대	융	동	시	치	서	정
다	치	위	각	실	시	난	직	둑

원인이 있으니
결과가 있지

 ## 책벌레 바보 온달

<60>

기집분전 역취군영 旣集墳典 亦聚群英

이미 기 旣 모을 집 集 무덤 분 墳 법 전 典
또 역 亦 모일 취 聚 무리 군 群 꽃부리 영 英

고구려 영양왕 때의 온달 장군은 낫 놓고 기역 자도 모르는 나무꾼이었습니다.

어느 날, 임금의 딸 평강 공주가 온달을 찾아왔습니다. 어려서부터 임금은 울보 공주를 달래기 위해서 "뚝, 울면 바보 온달한테 시집보낸다."라고 말했습니다. 그만큼 온달은 천한 사람이었지요.

그 말을 듣고 자란 공주는 임금의 반대를 무릅쓰고 온달에게 시집가겠다고 고집을 부렸습니다. 그리고 아버지가 말한 대로 바보 온달의 아내가 되었습니다.

평강 공주는 무식한 온달에게 글을 가르치고, 무예를 닦도록 하였습니다. 온달은 방에 가득 책을 쌓아 놓고 공부하였습니다. 그리하여 훗날 온달은 전쟁터에 나가 싸울 때마다 승리하는 영웅이 되었습니다.

역사에 이름을 남긴 위인들은 한 가지만 잘한 것이 아닙니다. 장군은 책을 읽어 병법을 익히고, 무예를 연마하여 군사를 지휘하였습니다.

학자는 끊임없이 학문을 닦고 연구하여 바른 세상을 만드는 데 모범을 보이고, 백성들이 편안하게 살도록 하였습니다.

좋은 책은 많을수록 좋습니다. 그렇지만 읽지 않으면 아무 쓸모가 없답니다.

기집분전 역취군영 旣集墳典 亦聚群英

풀이……이미 옛날 책들을 모았고, 또한 모든 영웅도 모였다.

뜻………옛날 책을 궁중에 모아 놓고 사람들을 가르치며, 학식과 재능이 뛰어난 사람들을 불러 모아 나라를 다스리게 하면 백성들을 편안하게 한다는 뜻이다.

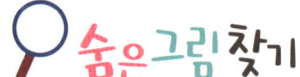

숨은그림찾기

옛날책 낫 종 화살 말발굽 중절모 콩나물 도끼 조개 바나나 비행기 바늘 2개 典(전) 英(영) 亦(역)

책벌레 바보 온달

하늘천따지 천자문 千字文

30. 척벽비보 촌음시경 尺璧非寶 寸陰是競
   자 척 尺 구슬 벽 璧 아닐 비 非 보배 보 寶
   마디 촌 寸 그늘 음 陰 이 시 是 다툴 경 競

풀이⸺큰 구슬이 보배가 아니다. 짧은 시간도 다투어야 한다.

뜻⸺시간은 보배와도 같은 것이니 짧은 시간도 아껴 써야 한다. 한 번 가 버린 시간은 다시 오지 않기 때문이다.

31. 자부사군 왈엄여경 資父事君 曰嚴與敬
   재물 자 資 아비 부 父 일 사 事 임금 군 君
   이를 왈 曰 엄할 엄 嚴 더불 여 與 공경 경 敬

풀이⸺아버지처럼 임금을 공경하기에 힘써야 한다.

뜻⸺임금을 섬기는 것도 부모를 섬기는 것이나 마찬가지이다. 존경하고 공경하는 마음으로 임금을 섬겨야 한다는 말이다.

32. 효당갈력 충즉진명 孝當竭力 忠則盡命
　　효도 효 **孝**　마땅 당 **當**　다할 갈 **竭**　힘 력 **力**
　　충성 충 **忠**　곧 즉 **則**　다할 진 **盡**　목숨 명 **命**

풀이⋯⋯효도는 있는 힘을 다해서 하고, 충성은 목숨을 바쳐 한다.

뜻⋯⋯⋯부모에게 효도하고 나라에 충성하는 데 몸과 마음을 아끼지 말아야 한다는 뜻이다.

33. 임심이박 숙흥온청 臨深履薄 夙興溫清
　　임할 림(임) **臨**　깊을 심 **深**　밟을 리(이) **履**　얇을 박 **薄**
　　이를 숙 **夙**　일어날 흥 **興**　따뜻할 온 **溫**　서늘할 청 **清**

풀이⋯⋯깊은 물가를 거닐 듯 얇은 얼음을 밟는 듯 조심하며, 차갑고 더운 것을 가린다.

뜻⋯⋯⋯부모를 섬기는 데는 깊은 물가를 거닐 듯, 살얼음 위를 걷는 듯 조심해야 한다. 잠자리에서 일어나서는 따뜻하게 혹은 시원하게 해 드려야 한다는 뜻이다.

 ## 작은 나라의 서러움

> <72>
> 진초갱패 조위곤횡 晉楚更霸 趙魏困橫
> 나라 진 晉 나라 초 楚 고칠 갱 更 으뜸 패 霸
> 나라 조 趙 나라 위 魏 곤할 곤 困 가로 횡 橫

옛날에 중국은 여러 나라로 갈라져 있었습니다. 그중에서 서쪽을 차지한 진나라와 남쪽을 차지한 초나라는 강한 나라였습니다.

두 나라는 천하를 호령했습니다. 다른 작은 나라들은 겁을 먹은 채 기를 못 폈습니다.

"천하를 통일시킬 거야."

진나라는 다른 나라들을 멸망시켜 중국을 통일시키려 했습니다. 그러자 연나라의 소진이라는 사람이 이렇게 주장했습니다.

"서쪽의 강국 진나라에 대항하기 위해 남북으로 위치한 한·위·조·연·제·초 여섯 나라가 동맹해야 합니다."

"맞습니다."

"그럽시다."

여섯 나라가 동맹을 맺어 진나라에 대항했습니다. 그 중에서도 진나라와 가까이 있는 조나라와 위나라는 아주 적극적이었습니다. 하지만 가만히 있을 진나라가 아니었습니다.

"바보들아, 천하에서 제일 강한 우리 진과 동맹을 맺어야 살아남을 수 있지."

여섯 나라들의 동맹을 방해했습니다.

"우리와 손잡으면 안심하고 잘살게 해 주겠어."

달콤한 말로 하나하나 꾀었습니다. 그런가 하면 없는 말을 꾸며서 나라끼리 서로 멀어지게 했습니다.

조나라에 가서는 위나라가 쳐들어오려 한다고 말하고, 위나라에 가서는 조나라가 쳐들어올 것이라고 말하는 식이었습니다. 그러자 동맹을 맺은 여섯 나라는 사이가 나빠졌습니다.

"쳐라!"

기회를 노리던 진나라는 한나라부터 멸망시켰습니다. 그런 뒤 가까이에 있는 조나라와 위나라를 멸망시켰습니다. 동맹을 맺은 나머지 나라들은 바짝 긴장했습니다.

군사를 더 모으고 국방을 더 튼튼히 했습니다.

그러나 천하를 통일하려는 진나라의 욕심은 변하지 않았습니다. 단단히 각오하고 경쟁국인 초나라로 쳐들어갔습니다. 예상했던 대로 초나라는 강했습니다. 용맹한 장수 항연의 군사들에게 연이어 패했습니다. 하지만 진나라는 결국 항연을 물리치고 초나라를 멸망시켰습니다. 나아가 동쪽의 강국 제나라를 멸망시키고 중국 통일을 이루었습니다.

비록 작은 힘이라도 모으면 큰 힘이 됩니다. 서로 도와야 더 큰 힘을 이겨낼 수 있습니다.

진초갱패 조위곤횡 晉楚更霸 趙魏困橫

풀이──진나라와 초나라는 우두머리가 되었으나, 조나라와 위나라는 연횡 때문에 곤란을 겪는다.

뜻──작은 나라끼리 서로 싸울 것이 아니라 잘 협조하여 훌륭한 나라를 만들어야 한다는 뜻이다.

 困(곤) 도장 칼 펜촉 팽이 깃발 낚싯바늘

작은 나라의 서러움

하늘천따지 천자문 千字文

34. 사란사형 여송지성 似蘭斯馨 如松之盛
　　같을 사 似　난초 란 蘭　이 사 斯　향기 형 馨
　　같을 여 如　소나무 송 松　갈 지 之　성할 성 盛

풀이⋯⋯난초와 같이 향기가 나고, 사철 푸른 소나무같이 무성하다.

뜻⋯⋯⋯효도는 늘 한결같아야 하고, 그렇게 하면 남들도 본받게 된다는 뜻이다.

36. 용지약사 언사안정 容止若思 言辭安定
　　얼굴 용 容　그칠 지 止　같을 약 若　생각 사 思
　　말씀 언 言　말씀 사 辭　편할 안 安　정할 정 定

풀이⋯⋯행동은 생각해서 하고, 말은 정중하게 해야 한다.

뜻⋯⋯⋯말과 행동을 하기 전에 한 번 더 생각하여 신중하게 해야 실수가 없다는 것이다.

38. 영업소기 적심무경　榮業所基 籍甚無竟
영화 영 **榮**　일 업 **業**　바 소 **所**　터 기 **基**
문서 적 **籍**　심할 심 **甚**　없을 무 **無**　마칠 경 **竟**

풀이—영예로운 벼슬길에 오르려면 바탕이 있어야 하고, 끝없이 노력해야 한다.

뜻——훌륭한 사람이 되려면 그 사람의 덕이나 인간 됨됨이가 널리 알려져 있어야 하고, 열심히 노력해야 한다는 말이다.

39. 학우등사 섭직종정　學優登仕 攝職從政
배울 학 **學**　뛰어날 우 **優**　오를 등 **登**　벼슬 사 **仕**
쥘 섭 **攝**　벼슬 직 **職**　좇을 종 **從**　정사 정 **政**

풀이—학문이 우수하면 벼슬길에 오르고, 직무를 맡아 나라의 정치를 잘할 수 있다.

뜻——덕행을 쌓고 학문을 닦으면 높은 벼슬자리를 얻을 수 있고, 나라의 일까지 맡아서 처리할 수 있다는 말이다.

 축하해요, 작은아빠

<82>
치본어농 무자가색 治本於農 務玆稼穡
다스릴 치 治   근본 본 本   어조사 어 於   농사 농 農
힘쓸 무 務   이 자 玆   심을 가 稼   거둘 색 穡

진수의 작은아빠는 농부입니다.

오늘은 작은아빠가 '미래농업 스타상'을 받는 날입니다.

진수네 식구들은 작은아빠를 축하하기 위해 차를 타고 출발했습니다. 진수는 오랜만에 하는 가족 나들이에 콧노래를 부르며 신이 났습니다.

차에서 할아버지는 사람이 살아가는 데 가장 기본이 되는 세 가지가 무언지 아느냐고 물었습니다.

진수는 공부, 성적, 취직이라고 대답하려다 머뭇거렸습니다. 그러자 할아버지가 옷, 양식, 집이라고 했습니다. 그중에서도 먹고살 거리인 양식, 즉 식량이 중요하다고 했습니다. 먹지 않으면 살 수 없으니까 그렇다고 했습니다.

"그래서 옛날부터 사람들이 살아가는 큰 근본이 되는 농업을 중요하게 여겨 온 거야."

그런데 사람들은 농사짓는 것을 싫어하며 도시로 떠난다고 했습니다. 그런데도 작은아빠는 농촌을 떠나지 않고 농사일을 하였습니다.

원래 시골 작은할아버지는 논농사와 자두와 복숭아밭, 그리고 버섯 농장을 크게 했었습니다. 그런데 값싼 중국 버섯이 들어오면서 큰 손해를 보았습니다.

"어려워진 집안을 다시 일으키겠어."

일찌감치 결심한 작은아빠는 대학에 다니면서 작은할아버지를 도왔습니다. 학교가 끝나면 논밭에 나가 일을 하였습니다.

대학을 졸업할 무렵, 중국산 버섯이 몸에 해로운 약품을 쓴다는 것이 밝혀졌습니다. 그때부터 작은아빠는 사람 몸과 건강에 좋은 친환경 버섯 재배법을 연구해서 성공했습니다.

시상식에 온 장관이 작은아빠 목에 메달을 걸어 주었습니다. 작은아빠는 감격하여 눈물을 글썽였습니다.

진수는 준비한 꽃다발을 작은아빠에게 드렸습니다.

"작은아빠, 축하드려요. 최고예요, 최고!"

"고맙다, 진수야."

작은아빠의 구릿빛 얼굴에 함박웃음이 피었습니다.

우리는 공기의 소중함을 모르듯이, 쌀 한 톨에 담긴 농부의 정성과 노력을 잘 모르고 지냅니다. 오늘도 농부들은 농사를 짓느라 땀방울을 흘립니다. 농부들에게 감사하고 용기를 주어야 합니다.

치본어농 무자가색 治本於農 務玆稼穡

풀이 농사는 나라의 근본으로, 백성들은 심고 거두는 데 힘쓴다.

뜻 '농자천하지대본(農者天下之大本)'이라 하여, 나라에서는 농사짓는 것을 으뜸으로 여겼다. 또한 농사짓는 사람은 곡식 가꾸는 일에 게을리 하지 말아야 한다는 뜻이다.

숨은그림찾기 팽이버섯 本(본) 아이스크림콘 화분 治(치) 곡괭이 장화

천자문 숨은 漢字語 한자어 찾기

아래 글의 뜻에 맞는 낱말을 오른쪽에서 찾아 보세요.
▼▼▼▼▼▼▼▼▼▼▼▼▼▼▼▼▼▼▼▼▼▼▼▼▼▼▼▼

① 지혜와 재능이 뛰어나고 용맹하여 보통 사람이 하기 어려운 일을 해내는 사람.

② 한 스승 밑에서 함께 학문을 배우거나 수업을 받음.

③ 아버지의 형제를 이르거나 부르는 말. 특히 결혼하지 않은 남자 형제를 이르거나 부른다.

④ 아버지와 아들 사이.

⑤ 겉으로 공경하는 체하면서 실제로는 꺼리어 멀리함.

⑥ 부모를 잘 섬기는 행실.

⑦ 옛것을 익히고 그것을 미루어서 새것을 앎. ≪논어≫의 <위정편>에 나오는 공자의 말이다.

⑧ 주로 원예 작물을 심어 가꾸는 농장.

⑨ 위험이 생기거나 사고가 날 염려가 없음. 또는 그런 상태.

⑩ 나은 자는 이기고 못한 자는 패함. 또는 강한 자는 번성하고 약한 자는 쇠멸함.

숨은 한자어 찾기

努	洋	父	堅	草	發	三	距	優
戶	子	十	蔘	敬	恩	寸	隨	勝
間	泊	臣	桓	遠	重	米	裸	劣
當	落	喜	全	冊	溫	無	答	敗
祿	孝	行	賀	於	故	蜀	英	喆
式	室	塘	啓	位	知	官	少	雄
農	園	骨	甚	菜	新	空	賁	慍
理	兢	邑	色	淸	編	天	安	馬
極	同	門	修	學	校	舌	全	敗
湳	延	次	毒	實	農	曜	局	杓

옛것을 익히고 배워야 해.

제멋대로 우는 닭

<89>
성궁기계 총증항극 省躬譏誡 寵增抗極
살필 성 省 몸 궁 躬 나무랄 기 譏 경계할 계 誡
고일 총 寵 더할 증 增 겨룰 항 抗 다할 극 極

중국 명나라에 유기라는 사람이 있었습니다. 높은 벼슬자리에 있었는데 거만하고 잘난 체를 했습니다.

"나만 한 사람 있으면 나와 보라고 해. 제갈공명도 나만은 못하지."

제갈공명은 중국 역사에 나오는 수많은 인물 중에서도 공자나 맹자, 유비, 관우와 더불어 가장 유명한 인물이라고 할 수 있습니다. 그런데 그 유명한 제갈공명도 우습게 여겼습니다.

어느 날, 유기가 여행을 떠났습니다. 여기저기 다니다가 옛 촉한(제갈공명의 도움을 받아 유비가 세운 나라) 땅에 들어섰습니다.

옛 촉한의 유적들과 빼어난 경치를 구경하다 날이 저물어 깊은 산속 어느 절에서 자게 되었습니다.

"꼬끼오!"

새벽 첫닭이 우는 소리에 유기는 잠이 깼습니다. 닭을 키우는 마을은 고개 너머 멀리 있기에 이상한 생각이 들었습니다.

"절에서 닭 울음소리가 들리니 웬일이오?"

아침에 일어난 유기는 스님에게 물어 보았습니다.

그러자 스님이 흙으로 빚은 닭을 가져왔습니다. 옛 촉한의 제갈공명이 그 절에서 하룻밤 묵었는데, 그때 기념으로 빚은 닭이라고 했습니다. 새벽이 되면 울어 시간을 알려 준다는 것이었습니다.

제갈공명이라는 말에 기분이 나빠진 유기는 그 흙닭 속에 무엇이 들어 있는지 확인해 보고 싶었습니다.

꽈당!

흙닭을 던져 깨뜨렸습니다. 그런데 신기한 것은 발견할 수 없었습니다. 둘둘 말린 조그만 종이가 나왔는데, 그것을 펼쳐 본 유기는 깜짝 놀랐습니다.

유기가 내가 만든 흙닭을 깨뜨릴 것이다.

"아니, 미리 알고 있었잖아. 흥, 그렇지만 나를 이길 수는 없지."

유기도 닭을 빚어 보았습니다.

"꼬끼오!"

신기하게 그 닭도 우는 것이었습니다.

"그러면 그렇지. 내가 제갈공명만 못할 리 없지."

유기는 잘난 체하며 큰소리쳤습니다.

그런데 그 닭은 아무 때나 울어 댔습니다.

"꼬끼오, 꼬끼오, 꼬끼오!"

벼는 익을수록 고개를 숙인다고 했습니다. 언제 어디서나 남을 높이고 자신을 낮추는 생활을 해야 합니다.

성궁기계 총증항극 省躬譏誡 寵增抗極

풀이⋯⋯ 자기 몸을 살피고 남의 말을 경계하며, 사랑이 더할수록 조심해야 한다.

뜻⋯⋯⋯ 사람들은 자리가 높아지면 건방을 떨며 잘난 체를 한다. 임금이나 윗사람의 신임을 얻게 되면 더욱 그러하다. 그러므로 항상 자신을 돌아보며 잘못을 저지르지 않도록 노력해야 한다.

숨은그림찾기

병아리 抗(항) 유리잔 풍경(절 처마에 달린 것) 省(성) 칫솔 초

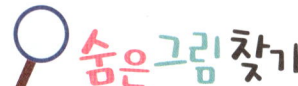

제멋대로 우는 닭

하늘천따지 천자문 千字文

40. 존이감당 거이익영 存以甘棠 去而益詠
　　있을 존 **存** 써 이 **以** 달 감 **甘** 아가위 당 **棠**
　　갈 거 **去** 말 이을 이 **而** 더할 익 **益** 읊을 영 **詠**

풀이──감당나무를 보존하면서 시를 읊어 말을 이었다.

뜻────살아서 백성을 잘 다스리면 죽어서도 이름이 빛난다는 뜻이다.

41. 악수귀천 예별존비 樂殊貴賤 禮別尊卑
　　즐거울 락(악) **樂** 다를 수 **殊** 귀할 귀 **貴** 천할 천 **賤**
　　예도 례(예) **禮** 다를 별 **別** 높을 존 **尊** 낮을 비 **卑**

풀이──풍류는 귀하고 천한 것을 다르게 하며, 예절은 사람의 높고 낮음에 따라 다르다.

뜻────사람은 누구나 자신이 처한 위치를 잘 알고 행동해야 한다는 말이다.

42. 상화하목 부창부수 上和下睦 夫唱婦隨
위 상 **上** 화할 화 **和** 아래 하 **下** 화목할 목 **睦**
지아비 부 **夫** 부를 창 **唱** 아내 부 **婦** 따를 수 **隨**

풀이……윗사람이 화목하면 아랫사람이 공경하고, 남편이 말을 하면 아내는 따른다.

뜻………윗사람은 온순하고 인자하게 아랫사람을 대해야 하며, 아랫사람은 윗사람을 공경해야 한다. 남편이 말을 하면 아내는 그 뜻을 조용히 따름으로써 부부가 화합한다.

44. 제고백숙 유자비아 諸姑伯叔 猶子比兒
모두 제 **諸** 시어미 고 **姑** 맏 백 **伯** 아재비 숙 **叔**
같을 유 **猶** 아들 자 **子** 견줄 비 **比** 아이 아 **兒**

풀이……고모나 큰아버지, 작은아버지는 아버지의 형제자매이다. 조카는 형제의 자식이니 친자식같이 여겨야 한다.

뜻………형제자매뿐만 아니라 일가친척을 사랑하고 존경해서 화목하고 행복한 가정을 이루어야 한다.

할아버지와 은행나무

<97>
진근위예 낙엽표요 陳根委翳 落葉飄颻
묵을 진 陳 뿌리 근 根 맡길 위 委 가릴 예 翳
떨어질 락(낙) 落 잎 엽 葉 나부낄 표 飄 나부낄 요 颻

진수네 할아버지 고향 마을 앞에는 오래된 은행나무 한 그루가 서 있습니다. 마치 마을을 지켜 주는 수호신 같습니다.

아지랑이 피어오르고 초록 봄바람이 불면 은행나무는 신이 납니다. 팔랑팔랑 연초록 이파리들을 흔들어 댑니다.

은행나무는 오래 전부터 마을의 고마운 쉼터였습니다.

할아버지는 어린 시절, 친구들과 은행나무에서 즐겨 놀았습니다. 미로처럼 뻗은 가지 위를 다람쥐처럼 기어오르며 놀았습니다. 나무 밑동부터 뻥 뚫린 굴속에 숨기도 하고, 낮잠을 자기도 했습니다.

어느 해 여름, 전쟁이 터졌습니다. 마을 사람들은 너 나없이 피란을 떠났고, 할아버지는 어쩌다 가족과 떨어져 혼자가 되었습니다.

곧 마을 곳곳에 적군이 활개를 치고 다녔습니다. 위험을 느낀 할아버지는 은행나무 굴속에 몸을 숨겼습니다.

한낮에는 우거진 나뭇가지 속에 몸을 숨기고 마을의 동태를 살폈습니다.

밤이면 은행나무 우듬지에서 우는 소쩍새 소리를 들으며 눈물지었습니다.

얼마 후, 적군이 쫓겨 가고 할아버지는 다시 가족과 만났습니다. 다시는 만날 수 없을 것이라 여겼던 가족들은 서로 부둥켜안고 얼마나 울었는지 모릅니다.

이처럼 은행나무는 할아버지를 보호하고 지켜 주었습니다.

할아버지는 은행나무를 평생 잊지 못합니다. 봄과 여름에 이어 낙엽이 지는 가을에도 만나러 갔습니다. 잎이 샛노랗게 물든 은행나무가 할아버지를 반겼습니다.

"잘 있었지?"

다섯 아름도 더 되는 은행나무를 껴안은 할아버지가 마치 친구에게 하는 것처럼 말했습니다.

"튼튼하게 오래오래 살아야 해."

할아버지 머리 위로 은행잎이 우수수 떨어졌습니다.

"뿌리가 다 드러났네."

땅으로 드러난 뿌리들이 마르고 상처가 나 있었습니다.

할아버지는 삽으로 흙을 퍼서 늙은 은행나무의 뿌리를 덮어 주었습니다.

사람의 한평생도 나무의 일생과 같습니다. 덧없이 가 버립니다. 사는 동안 되돌아보며 살아가야 합니다.

진근위예 낙엽표요 陳根委翳 落葉飄颻

풀이…… 오래된 뿌리는 말라서 죽고, 떨어진 나뭇잎은 바람에 나부낀다.

뜻……… 오래된 뿌리나 썩은 가지는 버려지고 떨어진 나뭇잎은 땅 위에 굴러다닌다. 사람의 한평생도 이처럼 덧없는 것이니, 생활을 되돌아보며 살아가야 한다는 말이다.

숨은그림찾기

총 根(근) 거위 주걱 가지 깔때기 주사기

할아버지와 은행나무

하늘천天 따地지 천자문 千字文

45. 공회형제 동기연지 孔懷兄弟 同氣連枝
　　구멍 공 **孔** 품을 회 **懷** 맏 형 **兄** 아우 제 **弟**
　　같은 동 **同** 기운 기 **氣** 이을 련(연) **連** 가지 지 **枝**

풀이⋯⋯형제는 한 나무에서 나뉜 가지와 같은 것이다.

뜻⋯⋯⋯형제는 나눌 수 없는 한 나무의 한 뿌리와 같다. 그러므로 서로 사랑하고 우애 있게 지내야 한다는 뜻이다.

46. 교우투분 절마잠규 交友投分 切磨箴規
　　사귈 교 **交** 벗 우 **友** 던질 투 **投** 나눌 분 **分**
　　끊을 절 **切** 갈 마 **磨** 경계 잠 **箴** 법 규 **規**

풀이⋯⋯친구를 사귀는 데는 분수를 다해서 마음을 하나로 하며, 서로 충고해 주고 글을 갈고 닦아야 한다.

뜻⋯⋯⋯친구를 사귀는 데는 정의와 분수를 다해서 뜻이 통하도록 해야 하며, 학문과 덕행을 갈고 닦아 서로 충고하고, 잘못이나 실수가 있을 때는 바르게 인도해야 한다.

47. 인자은측 조차불리　仁慈隱惻　造次弗離
　　　어질 인 **仁**　사랑 자 **慈**　숨을 은 **隱**　슬플 측 **惻**
　　　지을 조 **造**　버금 차 **次**　아니 불 **弗**　떠날 리 **離**

풀이——어질고 사랑하며 가엾게 여기는 마음을 잠시라도 잊지 말아야 한다.

뜻——사람은 한결같이 어질고 인자하며 남을 위해 힘써야 한다는 말이다.

49. 성정정일 심동신피　性靜情逸　心動神疲
　　　성품 성 **性**　고요할 정 **靜**　뜻 정 **情**　편안할 일 **逸**
　　　마음 심 **心**　움직일 동 **動**　귀신 신 **神**　고달플 피 **疲**

풀이——성품이 고요하면 마음이 편안하고, 마음이 흔들리면 정신이 흐려진다.

뜻——모든 행동과 몸가짐은 마음에서 우러난다. 마음이 편하지 못하면 행동도 저절로 불안해진다는 뜻이다.

 ## 쓰러진 원기둥

<101>
구선손반 적구충장 具膳飧飯 適口充腸
갖출 구 具 반찬 선 膳 밥 말손 飧 밥 반 飯
맞을 적 適 입 구 口 채울 충 充 창자 장 腸

진수네 반에 원기둥이라는 별명을 가진 뚱보가 있습니다. 입에 늘 먹을거리가 물려 있다시피 합니다.

원기둥은 주로 고기를 많이 먹는데, 치킨과 삼겹살은 2인분이 기본입니다.

원기둥이 학교에서 한 신체검사 결과표를 받은 엄마는 깜짝 놀랐습니다.

"고도비만이라고? 이럴 수가…."

엄마는 당장 식단을 채소와 과일 중심으로 바꾸었습니다.

그러자 원기둥은 몇 순가락 먹지 않았습니다.

"엄마, 고기반찬 좀 해 주세요."

끼니때마다 고기 타령을 했습니다.

"안 돼, 채소도 먹어야 한다니까. 다 너를 위해서 그러는 거야."

엄마가 타일렀지만 듣지 않았습니다.

'어떻게 하면 고기를 먹을 수 있을까?'

생각 끝에 마트 시식 코너로 갔습니다. 아주머니들이 구워 놓은 고기를 이쑤시개로 찍어 먹었습니다. 이때부터 원기둥은 학교가 끝나면 마트로 달려갔습니다.

"얘, 그렇게 다 먹어 버리면 어쩌니?"

아주머니들이 짜증을 내며 싫어했습니다. 그렇다고 기가 죽거나 포기할 원기둥이 아니었습니다.

어느 날이었습니다.

"뭐 이런 애가 다 있어!"

마트 아주머니에게 혼나고 있을 때였습니다.

"아니 너…."

마침 마트에 온 엄마한테 들키고 말았습니다.

"고기만 먹으면 건강에 해롭다고 했잖아. 그리고 너 때문에 창피해서 못 살겠어."

집으로 돌아와 엄마 앞에 꿇어앉은 원기둥은 바닥만 내려다봤습니다.

"너 벌이야. 오늘부터 줄넘기 백 번씩 해."

그날부터 원기둥은 엄마가 지켜보는 앞에서 줄넘기를 했습니다. 그러고는 날마다 저울에 체중을 달아 보았습니다. 원기둥은 그야말로 죽을 맛이었습니다.

어느 날, 줄넘기를 하던 원기둥이 꽈당 쓰러졌습니다.

"아니, 얘…."

까무러치게 놀란 엄마는 원기둥을 들쳐 업고 병원으로 달렸습니다.

무엇이든 너무 많이 먹으면 건강에 해롭습니다. 그리고 음식을 골고루 먹어야 하지요.

구선손반 적구충장 具膳飧飯 適口充腸

풀이……반찬을 갖추어 밥을 먹으니, 입에 맞으면 창자를 채우는 것이다.

뜻………식사를 할 때에는 지나치게 맛있는 음식을 욕심내거나, 지나치게 많은 양을 먹지 말라는 가르침이다.

숨은그림찾기

하트 햄버거 具(구) 포크 접시 充(충) 종이배

천자문 숨은 한자어(한글) 찾기

아래 글의 뜻에 맞는 낱말을 오른쪽에서 찾아 보세요.

① 종이, 붓, 먹, 벼루 네 가지 문방구.

② 훌륭하고 귀중함.

③ 무슨 일이든지 해낼 수 있는 영묘하고 불가사의한 힘이나 능력.

④ 사물의 본질이나 본바탕. 자라 온 환경이나 혈통.

⑤ 누구를 형이라 누구를 아우라 하기 어렵다는 뜻으로, 두 사물이 비슷하여 낫고 못함을 정하기 어려움을 이르는 말.

⑥ 자식과 손자를 아울러 이르는 말.

⑦ 조상의 산소를 찾아가서 돌봄. 또는 그런 일. 주로 설, 추석, 한식에 한다.

⑧ 마음이 어질고 자애로움. 또는 그 마음.

⑨ 부자일수록 더욱 부자가 되고, 가난할수록 더욱 가난해짐.

⑩ 임금에게 글을 올리던 일.

숨은 한자어(한글) 찾기

후	단	기	열	신	통	력	씨	거
하	고	죽	까	르	귀	막	쓴	꼬
앗	귀	요	부	익	부	빈	익	빈
까	떡	툼	타	통	해	딸	쌍	콕
빛	탄	인	자	튼	질	합	맛	있
할	상	콤	쿵	락	넓	자	손	충
소	붇	난	형	난	제	뻥	뺑	쿵
예	쿨	코	빨	검	잎	성	묘	땡
근	겅	뜨	겅	봉	짜	릉	쾅	근
문	방	사	우	쪼	객	팔	본	톡

종이, 붓, 먹…
또 뭐더라?

 지화자 좋다

<108>
교수돈족 열예차강 矯手頓足 悅豫且康
바로잡을 교 矯 손 수 手 꺾일 돈 頓 발 족 足
기쁠 열 悅 미리 예 豫 또 차 且 편안할 강 康

11월 11일은 농업인의 날입니다.

농민들의 사기를 북돋우고, 농업의 중요성을 되새기기 위해 법으로 정한 기념일입니다.

엉뚱이 진수네 가족은 해마다 농업인의 날이면 시골 작은집에 갑니다. 올해는 지난번에 상을 탄 작은아빠가 잔치를 한다고 해서 더욱 기대가 큽니다.

정오 무렵 마을에 도착했습니다. 마을회관 앞 너른 마당에 사람들이 모였습니다. 동네 사람들뿐 아니라 이웃 마을 사람들도 왔습니다.

무대에서 등에 '못난이'라고 쓴 조끼를 입은 품바가 공연을 하고 있었습니다. 품바 못난이는 구성진 목소리와 익살스러운 표정으로 이야기를 만들어 냈습니다.

사람들 얼굴에는 웃음꽃이 기득 피어났습니다. 절로 신명이 나 시간 가는 줄도 몰랐습니다.

"얼씨구씨구 들어간다. 절씨구씨구 들어간다.
작년에 왔던 각설이 죽지도 않고 또 왔네."

못난이가 퇴장하자 각설이들이 노래를 부르며 등장했습니다. 웃기는 옷차림과 분장으로 등장할 때부터 사람들이 박수를 치고 소리를 쳤습니다.

각설이들이 한바탕 놀고 퇴장하자 이번에는 농악대가 등장했습니다. 꽹과리, 징, 장구, 북, 징 소리가 어우러져 흥을 돋우었습니다.

잠시 후 목말을 탄 무동이 어깨춤을 추자, 사람들도 춤을 추기 시작했습니다.

"풍년이 왔네, 풍년이 왔네."

풍년가를 부르며 덩실덩실 추었습니다. 진수네 가족도 한데 어울렸습니다. 할아버지와 작은할아버지, 아빠와 작은아빠, 엄마와 작은엄마, 진수는 창수 형과 어울려 춤추었습니다.

"마음껏 들고 놀아 보세."

어른들은 술을 나눠 마시며 흥겨워했습니다.

"참 보기 좋네. 땀 흘려 일하고 이렇게 함께 춤추고 어울리니."

"그렇지요, 형님. 이 맛에 힘든 줄 모르고 일합니다."

할아버지와 작은할아버지가 즐겁게 이야기를 나누었습니다. 사람들 얼굴마다 행복이 넘쳐흘렀습니다.

여러분, 11월 11일을 '막대 과자의 날'로 알고 있나요? 올해부터는 농업인의 날로 기억하고 온 가족이 함께 시골로 여행을 떠나면 좋겠습니다.

교수돈족 열예차강 矯手頓足 悅豫且康

풀이──손을 들고 발을 구르며 춤을 추니, 기쁘고 즐거우며 편안하다.

뜻────손님을 불러 모아 음악에 맞추어 춤을 추니, 기쁘고 즐거우며 마음이 편안하다. 생활 속에 음악과 춤이 필요함을 말하는 것이다.

숨은그림찾기

작은북 백조 퉁소 냄비 사람옆모습 手(수) 足(족)

하늘천天따地지 천자문 千字文

50. 수진지만 축물의이 守眞志滿 逐物意移
　　지킬 수 **守**　참 진 **眞**　뜻 지 **志**　찰 만 **滿**
　　쫓을 축 **逐**　만물 물 **物**　뜻 의 **意**　옮길 이 **移**

풀이——참된 것을 지키면 뜻이 가득하고, 물욕을 따르면 생각이 흐트러진다.

뜻———항상 거짓 없이 살면 뜻한 것이 이루어지고, 그러지 못하면 뜻한 것이 이루어지지 않는다.

51. 견지아조 호작자미 堅持雅操 好爵自縻
　　굳을 견 **堅**　가질 지 **持**　바를 아 **雅**　잡을 조 **操**
　　좋을 호 **好**　벼슬 작 **爵**　스스로 자 **自**　얽어맬 미 **縻**

풀이——신념을 가지고 지조를 지키면 좋은 벼슬자리가 스스로 찾아온다.

뜻———지조를 굳게 지키면 사람들을 감동시켜 좋은 벼슬자리가 주어진다는 뜻이다.

52. 도읍화하 동서이경 都邑華夏 東西二京

도읍 도 **都** 고을 읍 **邑** 빛날 화 **華** 여름 하 **夏**
동녘 동 **東** 서녘 서 **西** 두 이 **二** 서울 경 **京**

풀이 —— 도읍을 화하에 정하니, 이것이 나중에 동경과 서경으로 나뉘었다.

뜻 —— 옛날 중국에는 두 개의 서울이 있었다. 즉 *동경과 *서경이 그것이다.

  *동경: 주나라 성왕이 서울로 정했던 낙양을 말함.
  *서경: 전한의 고조가 서울로 정한 장안을 말함.

53. 배망면락 부위거경 背邙面洛 浮渭據涇

등 배 **背** 뫼 망 **邙** 낯 면 **面** 물 락 **洛**
뜰 부 **浮** 물 이름 위 **渭** 의지할 거 **據** 물 이름 경 **涇**

풀이 —— 등 뒤는 북망산이고, 앞은 낙수이며 위수와 경수에 의지하고 있다.

뜻 —— 주나라의 서울인 낙양과 장안을 자세히 설명하는 말이다. 옛날에는 산을 등지고 강을 바라보는 것이 서울을 정하는 첫째 조건이었던 것이다.

 **도적과 도척**

<114>

주참적도 포획반망 誅斬賊盜 捕獲叛亡
벨 주 誅   벨 참 斬   도적 적 賊   도적 도 盜
잡을 포 捕   얻을 획 獲   배반할 반 叛   도망할 망 亡

　어느 나라에 유명한 도적 두목이 있었습니다. 이름도 도적과 비슷한 '도척'이었는데, 9천 명이나 되는 도적 무리를 이끌고 다녔습니다.

　도척은 무리를 이끌고 나라 안의 성을 공격하였습니다. 그런데 이상한 소문이 돌았습니다. 도척이 이끄는 무리는 보통 도둑과는 다르다는 것이었습니다.

　어느 날, 한 부하가 도척에게 물었습니다.

　"도둑에게도 지켜야 할 도리가 있습니까?"

　도둑이 가야 할 바른길을 물어 보다니, 참으로 한심한 도둑이었습니다.

　그런데 더 흥미로운 것은 도척의 대답이었습니다.

"첫째, 훔칠 재물이 무엇인지 미리 알아내야 한다. 둘째, 남보다 먼저 훔치러 들어가는 용기가 있어야 하고 셋째, 도둑질하고 도망칠 때 맨 뒤에 서서 동료들을 지키는 의리가 있어야 한다. 넷째, 도둑질할 알맞은 때를 아는 지혜가 있어야 하며 다섯 째, 도둑질한 재물을 공평하게 나누어야 한다."

이 다섯 가지를 지키는 도둑이 진짜 도둑이라고 했습니다. 역시 보통 도적과는 다른 도척이었습니다.

그는 높은 벼슬자리에서 부정하게 모은 관리들의 재물을 털어 가난한 백성에게 나누어 주었습니다. 이런 도둑을 의적이라고 하지요. 조선 시대 임꺽정과 장길산처럼 말입니다.

나라에서는 도적 떼를 잡으려고 군사를 풀었습니다. 그러나 관군을 비웃기라도 하듯 도적들은 번번이 귀신처럼 나타났다가 사라지곤 했습니다.

나라에서 도척을 잡는 사람에게 벼슬을 내리고 큰 상을 주겠다고 하였습니다. 결국 도척은 관군에게 붙잡히고 말았습니다.

도척이 잡혀가는 날, 거리에 백성들이 몰려나왔습니다. 물그릇을 든 사람, 밥그릇을 든 사람, 술잔을 든 사람도 있었습니다. 비록 도적이지만 가난한 사람들의 배고픔을 달래 준 사람이었기 때문입니다.

하지만 착한 일을 한다고 도둑질한 죄가 없어지는 것은 아니지요.

도척의 목이 베어지던 날, 번개가 치고 천둥이 울었다고 합니다.

누구든 옳지 못한 일을 하면 마땅히 그 죗값을 받아야 합니다.

주참적도 포획반망 誅斬賊盜 捕獲叛亡

풀이…… 도둑은 참수하고, 배반하고 도망치는 사람은 사로잡아서 벌을 준다.

뜻……… 옳지 못한 사람은 마땅히 그 죗값을 받아야 한다는 뜻이다.

숨은그림찾기 국그릇 밥그릇 숟가락 북극곰 절구 호리병 亡(망)

아래 글의 뜻에 맞는 낱말을 오른쪽에서 찾아 보세요.

① 본디부터 지니고 있는 그대로의 상태.

② 속에 품고 있는 참뜻. 또는 진짜 의도.

③ 말이나 행동을 잘못하여 자기의 지위, 명예, 체면 따위를 손상함.

④ 남을 대하기에 떳떳한 도리나 얼굴.

⑤ 한껏 차서 가득함. '가득 참'으로 순화.

⑥ 개인끼리나 나라끼리 서로 사이가 좋음.

⑦ 힘이나 기량 따위가 모자람.

⑧ 총이나 활을 잘 쏘아 이름난 사수.

⑨ 자기가 저지른 일의 결과를 자기가 받음.

⑩ 물음과는 전혀 상관없는 엉뚱한 대답.

숨은 한자어 찾기

塞	足	仔	望	友	珍	橡	眞	來
天	眞	意	茶	好	反	北	面	宣
慓	玩	吉	力	房	漢	江	目	彈
互	印	敗	不	路	斗	嵩	市	夏
名	孤	益	足	明	論	招	體	學
蔘	射	韻	徐	亡	冥	庚	面	菊
裵	永	手	承	周	身	兒	示	有
幻	弟	睨	終	薄	東	問	西	答
愿	自	業	自	得	眼	珍	郎	曾
杏	牧	支	倞	比	充	滿	單	惠

왜 엉뚱한 대답을 하지?

옛날에 금잔디 동산에

<119>
연시매최 희휘랑요 年矢每催 羲暉朗曜
해 년(연) 年 화살 시 矢 매양 매 每 재촉할 최 催
햇빛 희 羲 빛날 휘 暉 밝을 랑 朗 빛날 요 曜

진수 할아버지가 시골에 가면 꼭 찾아가는 곳이 있습니다. 뒷동산에 있는 늙은 소나무 아래입니다.

농업인의 날 마을 잔치가 끝난 뒤, 할아버지는 진수 손을 잡고 뒷동산에 올라갔습니다. 소나무는 진수가 안으면 거의 한 아름이나 되는 큰 나무였습니다.

"옛날에 돌아가신 할머니와 이곳에 올라와 노래를 부르곤 했지."

할아버지가 옛날을 그리워하며 말했습니다.

"저 아래를 보렴."

너른 들판과 맑은 냇물, 집들이 옹기종기 이마를 맞댄 마을이 한눈에 들어왔습니다.

할아버지는 어린 시절로 돌아갑니다.

진달래 피는 봄이면 친구들과 뒷산 덤불에서 꿩알을 주웠습니다.

여름엔 알몸으로 친구들과 냇물에서 살았습니다. 밤에는 반딧불이를 쫓아 밭둑을 뛰어다녔습니다. 모깃불 타는 마당 멍석에 누워 엄마가 들려주는 옛날이야기를 듣다 잠이 들곤 했습니다.

다람쥐를 쫓고 알밤을 줍느라 해 지는 줄 모르던 가을날. 추운 겨울날 눈 쌓인 산에서 산토끼 몰다가 눈구덩이에 파묻혀 허우적대던 일….

"마음껏 뛰어놀던 그 시절이 좋았구나!"

추억에서 깨어난 할아버지가 혼잣말을 했습니다.

"할아버지도 너만 한 어린 시절이 있었단다."

할아버지는 진수의 머리를 쓰다듬었습니다.

"세월이 그렇게 빨리 가 버릴 줄이야…."

할아버지는 지나간 세월이 아쉬운 듯 가볍게 한숨을 쉬었습니다.

"남은 세월도 눈 깜짝할 사이에 흘러가겠지."

할아버지는 떨리는 목소리로 조용히 노래했습니다.

"옛날에 금잔디 동산에, 매기 같이 앉아서 놀던 곳."

할머니와 함께 부르던 노래였습니다.

"물레방아 소리 들린다. 매기, 내 사랑하는 매기야."

할아버지의 눈시울이 촉촉해졌습니다. 우수수 낙엽이 나부끼었습니다.

세월은 날아가는 화살처럼 빠릅니다. 그리고 한 번 간 세월은 돌아오지 않습니다. 하루하루 값지고 보람 있는 일생을 살아야 합니다.

연시매최 희휘랑요 年矢每催 羲暉朗曜

풀이……세월은 화살같이 빠르게 지나가고, 아침에 뜨는 태양은 언제나 밝게 빛난다.

뜻………쏜 화살처럼 빠르게 흘러가는 것이 세월이니 적은 시간이라도 아껴 써야 한다는 말이다.

숨은그림찾기 도토리 알밤 화살 8분음표 每(매) 돌고래 年(년)

천자문 이어 보기

(54~125구절) 60, 72, 82, 89, 97, 101, 108, 114, 119는 본문에 수록되어 있음.

54. 궁전반울 누관비경 宮殿盤鬱 樓觀飛驚
집 궁 宮 전각 전 殿 소반 반 盤 성할 울 鬱 | 다락 루(누) 樓 볼 관 觀 날 비 飛 놀랄 경 驚

풀이 궁전은 거대하게 세워졌고, 누각은 날 듯 높이 세워져 있다.

뜻 궁전의 아름답고 웅장한 모습을 말하고 있다.

55. 도사금수 화채선령 圖寫禽獸 畵綵仙靈
그림 도 圖 그릴 사 寫 새 금 禽 짐승 수 獸 | 그림 화 畵 채색 채 綵 신선 선 仙 신령 령 靈

풀이 새와 짐승 그림이 그려져 있고, 신선도도 그려져 있다.

뜻 왕이 거처하는 궁 안에는 왕이 오래 살기를 비는 그림들이 그려져 있다. 그 그림에는 새와 짐승이 있고, 늙어도 죽지 않는다는 신선이 그려져 있다. 백성을 잘 다스리는 왕이 아무런 병 없이 오래 살기를 비는 것이다.

56. 병사방계 갑장대영 丙舍傍啓 甲帳對楹
남녘 병 丙 집 사 舍 곁 방 傍 열 계 啓 | 갑옷 갑 甲 장막 장 帳 대할 대 對 기둥 영 楹

풀이 신하들이 쉬는 병사가 열을 지어 있고, 궁중 기둥에는 휘장이 둘러 있다.

뜻 옛 중국의 궁 안에는 신하들이 쉬는 집들이 많이 세워져 있고, 커다란 기둥들에는 귀한 보배와 구슬로 장식한 아름다운 휘장을 쳐 놓았었다. 즉 웅장한 궁전의 모습을 알 수 있다.

57. 사연설석 고슬취생 肆筵設席 鼓瑟吹笙
베풀 사 肆 자리 연 筵 베풀 설 設 자리 석 席 | 북 고 鼓 비파 슬 瑟 불 취 吹 생황 생 笙

풀이 자리를 펴고 북을 치고 비파와 *생황을 불며 음악을 즐긴다.

뜻 나라에 축하할 일이 생기면 궁전 안에서 임금과 신하들이 음악을 들으며 축하 잔치를 벌인다는 말이다.

*생황:아악에 쓰는 관악기.

58. 승계납폐 변전의성 陞階納陛 弁轉疑星
    오를 승 陞 섬돌 계 階 들일 납 納 섬돌 폐 陛 | 고깔 변 弁 구를 전 轉 의심할 의 疑 별 성 星

    풀이 섬돌에 올라 뜰을 들여다보니 관이 움직이는 모습이 별인 듯 의심스럽다.
    뜻 궁에서 큰 잔치가 벌어지면 많은 신하들이 예복을 갖춰 입고 궁으로 들어간다. 그들의 화려한 모습과 아울러 훌륭한 인물이 많다는 것을 말하고 있다.

59. 우통광내 좌달승명 右通廣內 左達承明
    오른 우 右 통할 통 通 넓을 광 廣 안 내 內 | 왼 좌 左 통달할 달 達 이을 승 承 밝을 명 明

    풀이 오른쪽은 광내로 통하고, 왼쪽은 승명으로 통한다.
    뜻 궁전의 규모가 매우 크고 넓은 것을 말하고 있다.

61. 두고종례 칠서벽경 杜稿鍾隷 漆書壁經
    닫을 두 杜 짚 고 稿 쇠북 종 鍾 종 례 隷 | 옷 칠 漆 글 서 書 벽 벽 壁 경서 경 經

    풀이 *두백도와 *종요의 글씨가 있고, *과두의 글과 공자의 *경서가 있다.
    뜻 글씨로는 두백도와 종요의 글씨가 유명하고, 도서실에는 중국 경서들이 많이 있었다는 말이다.

    * 두백도 : 후한 사람으로 초서를 잘 썼음.
    * 종요 : 위나라 사람으로 예서를 잘 썼음.
    * 과두 : 과두문자를 말하는데, 먹과 붓이 없던 옛날 대나무 쪽에 옻칠을 해서 쓴 글자.
    * 경서 : 공자가 쓴 책인 《고문상서》《논어》《효경》등을 말함.

62. 부라장상 노협괴경 府羅將相 路挾槐卿
    마을 부 府 벌일 라 羅 장수 장 將 서로 상 相 | 길 로(노) 路 낄 협 挾 홰나무 괴 槐 벼슬 경 卿

    풀이 마을에는 장수들이 줄지어 서 있고, 길에는 벼슬아치들의 집이 줄지어 있다.
    뜻 옛날 중국 장수들과 벼슬아치들의 생활을 알 수 있다.

63. 호봉팔현 가급천병 戶封八縣 家給千兵
    지게문 호 戶 봉할 봉 封 여덟 팔 八 고을 현 縣 | 집 가 家 줄 급 給 일천 천 千 군사 병 兵

    풀이 여덟 개의 현을 주고, 집에는 천 명의 군사를 주었다.
    뜻 나라에 공이 큰 사람에게 땅과 군사를 줄 만큼 대우를 잘해 주었다는 말이다.

64. 고관배련 구곡진영 高冠陪輦 驅轂振纓
　　높을 고 高 갓 관 冠 모실 배 陪 손수레 련 輦 | 몰 구 驅 바퀴통 곡 轂 떨칠 진 振 갓끈 영 纓

　　풀이 높은 관을 쓰고 수레로 모시니, 수레바퀴가 구를 때마다 갓끈이 흔들린다.
　　뜻 대신들이 임금을 받들어 섬기니, 더욱 빛나고 위엄이 선다.

65. 세록치부 거가비경 世祿侈富 車駕肥輕
　　인간 세 世 녹 록 祿 사치할 치 侈 부자 부 富 | 수레 거 車 탈것 가 駕 살찔 비 肥 가벼울 경 輕

　　풀이 대대로 받는 녹이 넉넉하니, 말은 살찌고 수레는 가볍다.
　　뜻 한번 공을 세우면 대대로 많은 녹이 내려지니, 그들은 넉넉하고 즐거운 생활을 했다는 뜻이다.

66. 책공무실 늑비각명 策功茂實 勒碑刻銘
　　꾀 책 策 공 공 功 무성할 무 茂 열매 실 實 | 새길 륵(늑) 勒 비석 비 碑 새길 각 刻 새길 명 銘

　　풀이 나라에 큰 공을 세우면 비석에 새겨 기록한다.
　　뜻 나라에 공을 세우면 비석에 그 공을 새겨 많은 사람들이 본받게 했다.

67. 반계이윤 좌시아형 磻溪伊尹 佐時阿衡
　　돌 반 磻 시내 계 溪 저 이 伊 다스릴 윤 尹 | 도울 좌 佐 때 시 時 언덕 아 阿 저울대 형 衡

　　풀이 여상이나 *이윤 같은 신하들이 임금을 도우니 그 자리가 높아진다.
　　뜻 어진 임금 밑에는 어진 신하가 있으며, 또한 그 신하들을 잘 돌봐 주었다는 말이다.

　　*이윤 : 은나라 태왕과 태갑의 재상이 되었던 사람.

68. 엄택곡부 미단숙영 奄宅曲阜 微旦孰營
　　가릴 엄 奄 집 택 宅 굽을 곡 曲 언덕 부 阜 | 작을 미 微 아침 단 旦 누구 숙 孰 계획할 영 營

　　풀이 곡부 땅에 큰 집을 짓게 해 주었으니, 주공이 아니면 누가 그런 계획을 세웠겠는가.
　　뜻 주공이라는 사람이 나라에 큰 공을 세웠기 때문에 임금이 *곡부를 주었다. 그래서 그 곳에서 오래도록 살았다는 말이다.

　　*곡부 : 노나라의 서울.

69. 환공광합 제약부경 桓公匡合 濟弱扶傾

굳셀 환 桓 귀인 공 公 바로잡을 광 匡 합할 합 合 | 건질 제 濟 약할 약 弱 붙들 부 扶 기울 경 傾

풀이 제나라 환공은 힘을 모아 나라를 바로잡았고, 약하고 기울어지는 나라를 바로 세웠다.

뜻 제나라 환공이 정치를 잘했음을 가리키는 말이다.

70. 기회한혜 열감무정 綺回漢惠 說感武丁

비단 기 綺 돌아올 회 回 한나라 한 漢 은혜 혜 惠 | 기꺼울 열 說 느낄 감 感 굳셀 무 武 정성 정 丁

풀이 한나라의 *기리계는 *혜제를 임금 자리에 돌아오게 해 주었고, *부열은 *무정의 꿈에 나타나 그를 감동시켰다.

뜻 포악하고 우둔한 왕을 피해 살던 사람이 세상에 나와 지혜롭고 어진 임금을 도와주었다는 말이다.

* 기리계 : 한나라의 현자.
* 혜제 : 한나라 2대 황제.
* 부열 : 은나라의 현인.
* 무정 : 은나라 황제.

71. 준예밀물 다사식녕 俊乂密勿 多士寔寧

준걸 준 俊 어질 예 乂 빽빽할 밀 密 말 물 勿 | 많을 다 多 선비 사 士 참 식 寔 편안할 녕 寧

풀이 뛰어난 인물들이 모여서 일하고, 많은 인재들이 있으니 나라가 진실로 편안하다.

뜻 천 명 중에 뛰어난 인물을 준이라 하고, 백 명 중에 뛰어난 인물을 예라고 한다. 그런 훌륭한 인물들이 모여 힘써 일한다면 나라는 저절로 편안할 것이라는 뜻이다.

73. 가도멸괵 천토회맹 假途滅虢 踐土會盟

거짓 가 假 길 도 途 멸할 멸 滅 나라 괵 虢 | 밟을 천 踐 흙 토 土 모을 회 會 맹세 맹 盟

풀이 진나라는 우나라의 길을 빌려 괵나라를 멸망시켰고, 천토에서 제후들을 모아 동맹을 맺었다.

뜻 신하의 말을 듣지 않은 우나라 임금의 어리석음을 말하는 것이다.

74. 하준약법 한폐번형 何遵約法 韓弊煩形

어찌 하 何 좇을 준 遵 요약할 약 約 법 법 法 | 나라 한 韓 해질 폐 弊 번거로울 번 煩 형벌 형 形

풀이 소하는 간단한 법을 지켰고, 한나라의 법은 번거로워 불편했다.

뜻 나라의 법은 백성이 쉽게 이해하고 따를 수 있게 만들어야 한다는 말이다.

75. 기전파목 용군최정 起剪頗牧 用軍最精

일어날 기 起 자를 전 剪 자못 파 頗 칠 목 牧 | 쓸 용 用 군사 군 軍 가장 최 最 정밀할 정 精

풀이 *백기, *왕전, *염파, *이목은 군사를 가장 잘 부렸다.

뜻 백기, 왕전, 염파, 이목은 군사를 잘 부려 전쟁 때마다 승리를 거두었다고 한다.

  * 백기와 왕전 : 중국 진나라의 장수.
  * 염파와 이목 : 중국 조나라의 장수.

76. 선위사막 치예단청 宣威沙漠 馳譽丹青

베풀 선 宣 위엄 위 威 모래 사 沙 아득할 막 漠 | 달릴 치 馳 기릴 예 譽 붉을 단 丹 푸를 청 青

풀이 위엄을 사막까지 떨치고, 명예를 단청으로 그려서 전했다.

뜻 나라에 공을 세운 공신들을 그림으로 그리게 하여 그들의 위엄을 후대에 전했다.

77. 구주우적 백군진병 九州禹跡 百郡秦并

아홉 구 九 고을 주 州 임금 우 禹 자취 적 跡 | 일백 백 百 고을 군 郡 나라 진 秦 아우를 병 并

풀이 우임금은 중국을 9주로 나누었고, 진시황은 전국을 100군으로 나누었다.

뜻 중국의 크기와 행정구역을 말하는데, 각 지방을 쓰임새에 맞게 나누었다는 것이다.

78. 악종항대 선주운정 嶽宗恒岱 禪主云亭

큰산 악 嶽 마루 종 宗 항상 항 恒 뫼 대 岱 | 터닦을 선 禪 주인 주 主 이를 운 云 정자 정 亭

풀이 큰 산 중에 항산과 태산이 으뜸이고, 운운산과 정정산은 제사 터로 으뜸이다.

뜻 중국에 있는 다섯 개의 큰 산을 말함으로써 중국의 크기를 말하고 있다.

79. 안문자새 계전적성 雁門紫塞 鷄田赤城

기러기 안 雁 문 문 門 붉을 자 紫 변방 새 塞 | 닭 계 鷄 밭 전 田 붉을 적 赤 재 성 城

풀이 안문과 자새가 있고, 계전과 적성이 있다.

뜻 안문이란 중국 북방에 있는 높은 산을 말하며, 자새란 진시황이 적의 침입을 막기 위해 쌓은 만리장성을 말한다. 계전과 적성은 북쪽에 위치한 땅의 이름이다.

80. 곤지갈석 거야동정 昆池碣石 鉅野洞庭

맏 곤 昆 못 지 池 우뚝솟을 갈 碣 돌 석 石 | 클 거 鉅 들 야 野 고을 동 洞 뜰 정 庭

풀이 큰 연못과 험한 산, 넓은 평야도 있다.

뜻 중국의 유명한 큰 못인 곤명지와 험한 갈석산, 그리고 끝없이 넓은 거야 들판과 동정 호수를 들어 중국이 매우 넓고 험하다는 것을 말하고 있다.

81. 광원면막 암수묘명 曠遠綿邈 巖岫杳冥

빌 광 曠 멀 원 遠 솜 면 綿 멀 막 邈 | 바위 암 巖 산봉우리 수 岫 아득할 묘 杳 어두울 명 冥

풀이 땅은 멀고 아득하며, 바위와 산은 어두워 컴컴하고 깊게 보인다.

뜻 넓은 땅이 끝없이 이어지며, 산과 골짜기 때문에 깊고 컴컴하다. 중국이 얼마나 넓은가를 말하고 있다.

83. 숙재남묘 아예서직 俶載南畝 我藝黍稷

비로소 숙 俶 실을 재 載 남녘 남 南 이랑 묘 畝 | 나 아 我 심을 예 藝 기장 서 黍 피 직 稷

풀이 양지바른 남쪽 밭에 이랑을 파고 기장과 피를 심는다.

뜻 봄이 되면 백성들은 따뜻한 남쪽 밭에 나가서 일을 시작한다. 나도 나아가 기장과 피를 심을 것이라는 말이다.

84. 세숙공신 권상출척 稅熟貢新 勸賞黜陟

구실 세 稅 익을 숙 熟 바칠 공 貢 새 신 新 | 권할 권 勸 상줄 상 賞 내칠 출 黜 오를 척 陟

풀이 세금으로 새로 난 곡식을 바쳤다. 그에 따라 상을 주기도 하고 벌을 주기도 하였다.

뜻 일 년 농사를 마치면 거둬들인 만큼 세금을 냈다. 세금을 낸 성적에 따라 상도 주고 벌도 주었다는 뜻이다.

85. 맹가돈소 사어병직 孟軻敦素 史魚秉直

맏 맹 孟 높을 가 軻 도타울 돈 敦 흴 소 素 | 사기 사 史 물고기 어 魚 잡을 병 秉 곧을 직 直

풀이 맹자는 하는 일이 도탑고 소박하며, 사어는 정직함이 어긋나지 않았다.

뜻 맹자와 사어의 옳고 곧은 행동을 사람들이 배워야 한다는 것이다.

86. 서기중용 노겸근칙 庶幾中庸 勞謙謹勅

무리 서 庶 거진 기 幾 가운데 중 中 떳떳할 용 庸 | 수고로울 로(노) 勞 겸손할 겸 謙 삼갈 근 謹 신칙할 칙 勅

풀이 일에 있어 중용을 바란다면 겸손하고 삼가고 참아야 한다.

뜻 중용이란 모자라지도 넘치지도 않는 것으로, 중용을 지키기 위해서는 늘 겸손하고 삼가고 참아야 한다는 말이다.

87. 영음찰리 감모변색 聆音察理 鑑貌辨色

들을 령(영) 聆 소리 음 音 살필 찰 察 이치 리 理 | 거울 감 鑑 모양 모 貌 분별할 변 辨 빛 색 色

풀이 남의 말을 듣고 이치를 살피며, 남의 모습을 보고 기색을 분별한다.

뜻 남의 말을 들을 때는 상대방의 목소리를 듣고 그의 생각이 무엇인지 알아야 한다. 또한 상대방의 겉모습이나 얼굴색을 보고 그의 마음을 읽을 수 있어야 한다는 뜻이다.

88. 이궐가유 면기지식 貽厥嘉猷 勉其祗植

줄 이 貽 그 궐 厥 아름다울 가 嘉 꾀 유 猷 | 힘쓸 면 勉 그 기 其 공경 지 祗 심을 식 植

풀이 아름다운 꾀는 먼 훗날까지 끼친다. 힘써 올바른 도를 존경하고 바르게 세워야 한다.

뜻 한 나라의 녹을 먹는 사람은 착하게 행동해야 한다. 잠시도 다른 마음을 갖지 말고, 임금과 백성을 위해 나라를 다스려야 한다는 말이다.

90. 태욕근치 임고행즉 殆辱近恥 林皐幸卽

위태할 태 殆 욕될 욕 辱 가까울 근 近 부끄러울 치 恥 | 수풀 림(임) 林 언덕 고 皐 다행 행 幸 곧 즉 卽

풀이 위태롭고 욕된 일은 부끄러우니, 숲이 있는 물가로 가서 한적하게 지내는 게 좋다.

뜻 부끄럽거나 옳지 못한 행동을 했을 때는 벼슬을 내놓고 조용한 곳으로 가서 마음을 수양해야 한다는 뜻이다.

91. 양소견기 해조수핍 兩疏見機 解組誰逼
    두 량(양) 兩 섬길 소 疏 볼 견 見 기틀 기 機 | 풀 해 解 끈 조 組 누구 수 誰 핍박할 핍 逼

    풀이 소광과 소수가 스스로 벼슬자리를 버렸으니, 누가 그들을 핍박하겠는가.
    뜻 한나라의 소광과 소수는 매우 어진 사람으로 나라를 잘 다스렸는데, 세상이 어수선해지자 곧 벼슬자리를 내놓고 시골집으로 내려가 마음 편하게 살았다고 한다.

92. 색거한처 침묵적료 索居閑處 沈默寂寥
    찾을 색 索 살 거 居 한가할 한 閑 곳 처 處 | 잠길 침 沈 잠잠할 묵 默 고요할 적 寂 쓸쓸할 료 寥

    풀이 한가한 곳을 찾아 사니 고요하고 적막하다.
    뜻 쓸데없는 욕심을 버리고 조용히 사니, 언제나 한가하고 고요하게 지낸다는 뜻이다.

93. 구고심론 산려소요 求古尋論 散慮逍遙
    구할 구 求 예 고 古 찾을 심 尋 의논할 론 論 | 흩어질 산 散 생각 려 慮 노닐 소 逍 노닐 요 遙

    풀이 옛 글을 구하고 도의를 찾으며, 어지러운 생각을 버리고 노닐며 지낸다.
    뜻 어지러운 세상을 떠나 자연을 벗 삼아 살면서 옛 성현들의 글을 읽으며 도를 쌓을 뿐, 세상일에 대하여 말하지 않는다는 뜻이다.

94. 흔주누견 척사환초 欣奏累遣 感謝歡招
    기쁠 흔 欣 아뢸 주 奏 여럿 루(누) 累 보낼 견 遣 | 근심할 척 感 물러갈 사 謝 기쁠 환 歡 부를 초 招

    풀이 기쁨은 모여들고 더러움을 쫓아 보내니, 근심은 멀리 가고 기쁨은 부르듯 다가온다.
    뜻 근심이나 더러움은 사양하듯 멀리하여 마음에 두지 말고, 기쁨이나 즐거움만을 생각하면 언제나 마음이 즐거워 편안하게 살아갈 수 있다는 뜻이다.

95. 거하적력 원망추조 渠荷的歷 園莽抽條
    도랑 거 渠 연꽃 하 荷 밝을 적 的 지날 력 歷 | 동산 원 園 풀 망 莽 뽑을 추 抽 가지 조 條

    풀이 개천에 핀 연꽃은 더욱 빛나고, 동산에 우거진 초목은 가지를 길게 뻗고 있다.
    뜻 비록 진흙탕에 뿌리를 박고 있지만 연꽃은 아름답다. 즉 아무리 어려운 환경에 처해 있어도 마음먹기에 따라 모든 일이 잘될 수 있다는 뜻이다.

96. 비파만취 오동조조 枇杷晩翠 梧桐早凋

비파나무 비 枇 비파나무 파 杷 늦을 만 晩 푸를 취 翠 | 오동나무 오 梧 오동나무 동 桐 이를 조 早 시들 조 凋

풀이 비파나무는 늦게까지 푸르며, 오동나무는 일찍 시든다.

뜻 사시사철 푸르른 비파나무처럼 사람도 항상 한결같은 마음 자세로 살아야 한다는 뜻이다.

98. 유곤독운 능마강소 遊鯤獨運 凌摩絳霄

놀 유 遊 큰고기 곤 鯤 홀로 독 獨 움직일 운 運 | 뛰어넘을 릉(능) 凌 문지를 마 摩 붉을 강 絳 하늘 소 霄

풀이 *곤어는 홀로 노닐다가, 하늘을 넘어 자유로이 날아다닌다.

뜻 세상에 부러울 것 없이 높이 나는 새와 같이 사람도 큰 포부를 가지고 노력해야 한다는 말이다.

* 곤어:전설의 큰 물고기로, 이 물고기가 '붕(鵬)'이라는 새가 되어 하늘을 날아다님.

99. 탐독완시 우목낭상 眈讀翫市 寓目囊箱

즐길 탐 眈 읽을 독 讀 갖고 놀 완 翫 저자 시 市 | 붙일 우 寓 눈 목 目 주머니 낭 囊 상자 상 箱

풀이 책 읽기를 좋아하며 저잣거리에 나가 책을 구경하고 한 번 보고도 잊지 아니하니, 글을 주머니와 상자에 보관함과 같다.

뜻 한나라의 *왕충은 책 읽기를 좋아하여 낙양 저자 안에 있는 서점까지 나가 책을 읽었다고 한다. 왕충처럼 언제나 책을 가까이해야 한다는 가르침이다.

* 왕충:중국 한나라의 뛰어난 학자. 집이 가난해 책 살 돈이 없어서 날마다 서점을 옮겨 다니며 책을 읽었다고 함.

100. 이유유외 속이원장 易輶攸畏 屬耳垣墻

쉬울 이 易 가벼울 유 輶 바 유 攸 두려울 외 畏 | 붙일 속 屬 귀 이 耳 담 원 垣 담 장 墻

풀이 아무리 하찮은 일이라도 두려워하고, 담벼락에도 귀가 붙어 있다는 것을 알아야 한다.

뜻 모든 일에 신중해야 한다. 그리고 항상 말을 조심해야 한다는 가르침이다.

102. 포어팽재 기염조강 飽飫烹宰 飢厭糟糠
   배부를 포 飽 배부를 어 飫 삶을 팽 烹 재상 재 宰 | 주릴 기 飢 싫을 염 厭 술지게미 조 糟 겨 강 糠

   풀이 배가 부르면 아무리 좋은 음식도 먹기 싫고, 배가 고프면 술지게미나 겨도 맛이 있다.
   뜻 배가 부르면 *산해진미도 먹기 싫고, 배가 고프면 돼지에게나 주는 술지게미나 쌀겨도 맛있게 느껴진다는 것이다.

   * 산해진미(山海珍味): 산과 바다의 진귀한 산물로 잘 차린 맛 좋은 음식.

103. 친척고구 노소이량 親戚故舊 老少異糧
   친할 친 親 겨레 척 戚 예 고 故 친구 구 舊 | 늙을 로(노) 老 젊을 소 少 다를 이 異 양식 량 糧

   풀이 친척이나 오랜 친구를 대접할 때는 늙은이와 젊은이의 음식을 다르게 해야 한다.
   뜻 친척이나 친구를 초대했을 때에는 나이 든 어른과 젊은이를 구별해서 음식을 대접하라는 말이다.

104. 첩어적방 시건유방 妾御績紡 侍巾帷房
   첩 첩 妾 모실 어 御 길쌈 적 績 길쌈 방 紡 | 모실 시 侍 수건 건 巾 장막 유 帷 집 방 房

   풀이 아내는 길쌈을 하고, 수건과 빗을 가지고 남편을 섬긴다.
   뜻 아내가 된 사람은 집안을 잘 다스리고, 남편이 불편하지 않도록 잘 보살펴야 한다는 것이다.

105. 환선원결 은촉휘황 紈扇圓潔 銀燭煒煌
   흰비단 환 紈 부채 선 扇 둥글 원 圓 깨끗할 결 潔 | 은 은 銀 촛불 촉 燭 빛날 휘 煒 빛날 황 煌

   풀이 흰 비단으로 만든 부채는 둥글고 깨끗하며, 은색 촛대는 빛나고 빛난다.
   뜻 방 안에 있는 가구와 물건들이 아담하고 정결해서, 분위기가 아름답고 아늑하다는 뜻이다. 즉 방 안에는 꼭 필요한 것만 있으면 된다는 말이다.

106. 주면석매 남순상상 晝眠夕寐 藍筍象床

낮 주 晝 졸 면 眠 저녁 석 夕 잘 매 寐 | 쪽 람(남) 藍 죽순 순 筍 코끼리 상 象 평상 상 床

풀이 낮에는 졸고 밤에는 자니 한가한 사람의 일이요, 대나무로 엮은 자리와 상아로 장식한 침상이 편하다.

뜻 푸른 대쪽을 엮어 만든 자리와 상아로 장식한 침상은 한가로운 생활을 하는 사람에게 매우 품위 있는 물건이라는 뜻이다.

107. 현가주연 접배거상 絃歌酒讌 接杯擧觴

줄 현 絃 노래 가 歌 술 주 酒 잔치 연 讌 | 접할 접 接 잔 배 杯 들 거 擧 잔 상 觴

풀이 거문고를 타고 노래하며 술 마시고 잔치를 벌이니, 술잔이 서로 오고 간다.

뜻 친구들을 불러 술과 노래를 즐기니 행복하다는 뜻이다.

109. 적후사속 제사증상 嫡後嗣續 祭祀蒸嘗

정실 적 嫡 뒤 후 後 이을 사 嗣 이을 속 續 | 제사 제 祭 제사 사 祀 찔 증 蒸 맛볼 상 嘗

풀이 맏아들이 대를 이어 제사를 지내야 하는데, 제사에는 증과 상이 있다.

뜻 맏아들이 대를 이어 조상들의 제사를 지내고 사당을 돌봐야 한다. 그런데 제사에는 증과 상이 있다. 증은 겨울 제사, 상은 가을 제사를 말한다.

110. 계상재배 송구공황 稽顙再拜 悚懼恐惶

조아릴 계 稽 이마 상 顙 다시 재 再 절 배 拜 | 두려울 송 悚 두려울 구 懼 두려울 공 恐 두려울 황 惶

풀이 머리를 숙여 두 번 절하니, 송구하고 두렵고 황송하다.

뜻 제사를 지낼 때는 두 번 절하는 것이 예법인데, 그처럼 제사에는 공경과 정성을 다해야 한다는 말이다.

111. 전첩간요 고답심상 牋牒簡要 顧答審詳

글 전 牋 편지 첩 牒 대쪽 간 簡 중요할 요 要 | 돌아볼 고 顧 대답 답 答 살필 심 審 자세할 상 詳

풀이 편지를 보낼 때는 간단하게 하고, 답장은 자세하게 한다.

뜻 편지를 쓸 때는 되도록 간략하게 쓰고, 웃어른에게 대답할 때는 겸손한 태도로 자세히 해야 한다는 가르침이다.

112. 해구상욕 집열원량 骸垢想浴 執熱願凉
뼈 해 骸 때 구 垢 생각할 상 想 목욕할 욕 浴 | 잡을 집 執 더울 열 熱 바랄 원 願 서늘할 량 凉

풀이 몸의 때는 목욕으로 씻고 싶고, 더운 것을 잡으면 서늘한 것을 만지고 싶다.
뜻 누구나 더러운 것을 싫어하고 깨끗한 것을 좋아한다. 그리고 뜨거운 것이 몸에 닿으면 찬 것을 원하게 된다. 항상 몸과 마음을 깨끗이 해야 함을 말한다.

113. 여라독특 해약초양 驢騾犢特 駭躍超驤
나귀 려(여) 驢 노새 라 騾 송아지 독 犢 수소 특 特 | 놀랄 해 駭 뛸 약 躍 넘을 초 超 달릴 양 驤

풀이 나귀와 노새, 송아지와 황소가 놀라서 뛰고 달린다.
뜻 위의 가축들은 사람의 생활에 쓸모 있는 짐승들이다. 이 짐승들이 활발하게 뛰놀고 그 수가 많다는 것은 넉넉한 생활을 나타내는 것이다.

115. 포사요환 혜금완소 布射僚丸 嵇琴阮嘯
베 포 布 쏠 사 射 벗 료(요) 僚 알 환 丸 | 성 혜 嵇 거문고 금 琴 성 완 阮 휘파람 소 嘯

풀이 여포의 활쏘기, 웅의료의 방울 굴리기, 그리고 혜강의 거문고 타기와 완적의 휘파람은 모두 유명하다.
뜻 중국에 인재가 많다는 뜻으로, 그들의 재주가 세상을 이롭게 했다는 말이다.

116. 염필윤지 균교임조 恬筆倫紙 鈞巧任釣
편안할 염 恬 붓 필 筆 인륜 륜(윤) 倫 종이 지 紙 | 무거울 균 鈞 교묘할 교 巧 맡길 임 任 낚시 조 釣

풀이 몽염은 붓을 만들었고, 채윤은 종이를 만들었다. 마균은 교묘한 재주로 지남거를 만들었으며, 임공자는 낚시질을 잘했다.
뜻 진나라의 유명한 장수였던 몽염은 붓을 처음 만들었다. 후한의 환관이었던 채윤은 종이를 처음 만들었다. 지남거(수레에 탄 나무인형이 남쪽을 향하게 함)를 만든 마균은 한나라 사람으로 손재주가 남달랐다고 한다. 임공자는 낚시질을 매우 잘했는데, 그가 잡은 고기 한 마리로 많은 사람이 배불리 먹었다고 한다. 이처럼 중국에는 뛰어난 인재들이 많았는데, 그 인재들이 세상에 이로움을 주었다는 뜻이다.

117. 석분이속 병개가묘 釋紛利俗 竝皆佳妙

풀 석 釋 어지러울 분 紛 이로울 리(이) 利 세상 속 俗 | 아우를 병 竝 다 개 皆 아름다울 가 佳 묘할 묘 妙

풀이 어지러운 것을 풀기도 하고 세상을 이롭게 하니 아름답고 묘하다.

뜻 뛰어난 기술이나 좋은 재주를 가진 사람은 세상을 이롭게 하고 사람들에게 도움을 주니, 그 이름이 빛나고 아름답다는 뜻이다.

118. 모시숙자 공빈연소 毛施淑姿 工嚬姸笑

터럭 모 毛 베풀 시 施 맑을 숙 淑 모양 자 姿 | 장인 공 工 찡그릴 빈 嚬 고울 연 姸 웃을 소 笑

풀이 모장과 서시는 그 자태가 아름답다. 찡그리는 모습조차 흉내 낼 수 없이 예쁘고, 웃는 모습 또한 매우 곱다.

뜻 모장과 서시는 춘추전국 시대 월나라에 살았던 여인들로, 그 아름다움이 이루 말할 수 없을 정도였다고 한다.

120. 선기현알 회백환조 璇璣懸斡 晦魄環照

옥이름 선 璇 선기 기 璣 매달 현 懸 돌 알 斡 | 그믐 회 晦 어두울 백 魄 고리 환 環 비칠 조 照

풀이 해와 달은 계속 도는데, 달은 그믐에 사라졌다가 다시 비친다.

뜻 해와 달, 별들의 움직임은 빠르다. 그리고 매달 보름이면 둥그렇게 차 있던 달도 그믐만 되면 빛은 없고 형체만 어렴풋이 보인다는 뜻이다.

121. 지신수우 영수길소 指薪修祐 永綏吉邵

손가락 지 指 땔나무 신 薪 닦을 수 修 복 우 祐 | 길 영 永 편안할 수 綏 길할 길 吉 높을 소 邵

풀이 땔나무를 쌓듯 복을 닦으니, 영원히 편안하고 좋은 일이 많다.

뜻 이 세상을 살아가는 동안 착한 일을 많이 해서 많은 행복을 누려야 한다는 말이다.

122. 구보인령 부앙낭묘 矩步引領 俯仰廊廟

법 구 矩 걸을 보 步 이끌 인 引 거느릴 령 領 | 구부릴 부 俯 우러러볼 앙 仰 행랑 랑(낭) 廊 사당 묘 廟

풀이 걸을 때도 조심하고, 조정의 일을 함에 구부리기도 하고 우러러보기도 한다.

뜻 벼슬자리에 있을 때는 매사에 조심해야 한다는 뜻이다.

123. 속대긍장 배회첨조 束帶矜莊 徘徊瞻眺
   묶을 속 束 띠 대 帶 자랑할 긍 矜 씩씩할 장 莊 | 어정거릴 배 徘 어정거릴 회 徊 볼 첨 瞻 바라볼 조 眺

   풀이 띠를 단정히 하여 공손하고 씩씩하니, 거닐고 바라보는 것도 모두 예의에 맞는다.
   뜻 한 나라의 대신으로서 조정에 나아갈 때의 몸가짐을 말한다.

124. 고루과문 우몽등초 孤陋寡聞 愚蒙等誚
   외로울 고 孤 더러울 루 陋 적을 과 寡 들을 문 聞 | 어리석을 우 愚 어릴 몽 蒙 같을 등 等 꾸짖을 초 誚

   풀이 배운 것도 적고 들은 것도 적으면 어리석고 우둔하게 되어 남의 책망을 듣게 마련이다.
   뜻 열심히 공부하여 덕과 학문을 쌓지 아니하면 남들로부터 손가락질을 받는다는 뜻이다.

125. 위어조자 언재호야 謂語助者 焉哉乎也
   이를 위 謂 말씀 어 語 도울 조 助 놈 자 者 | 어조사 언 焉 어조사 재 哉 어조사 호 乎 어조사 야 也

   풀이 말을 잇는 어조사에는 언·재·호·야 등이 있다.
   뜻 어조사란 말과 말을 연결시켜 주는 조사이다. 호와 재는 탄식할 때나 의심이 날 때, 언은 위의 글자를 가리킬 때, 그리고 야는 주로 문장 끝에 쓴다. 위의 어조사 네 개를 제대로 쓸 줄 안다는 것은 학문을 많이 닦았다는 것이다. 따라서 학문을 많이 닦아야 한다는 것을 간접적으로 말하고 있다.

숨은그림찾기
숨은 한자어(한글) 찾기
정답

15쪽

19쪽

上	日	寶	社	金	冬	將	軍	琤
配	李	就	永	太	所	寒	波	馬
英	二	所	月	請	張	三	李	四
多	根	根	元	將	美	小	姜	江
內	結	草	報	恩	充	川	來	山
美	承	成	報	地	博	眞	陽	周
全	関	就	補	銀	眞	地	手	淸
後	旻	以	周	雨	後	竹	筍	聽
所	雲	集	常	想	作	門	汶	都
馬	道	波	米	聞	調	結	論	度

①한파
②성취
③결론
④양지
⑤동장군
⑥일취월장
⑦우후죽순
⑧결초보은
⑨운집
⑩장삼이사

23쪽

29쪽

31쪽

측	성	조	우	조	정	사	모	금
뢰	과	기	랭	돈	삼	추	언	경
현	곳	바	생	뜻	분	모	독	충
음	계	떤	애	뒤	진	비	사	경
갚	과	뒤	온	금	침	수	도	제
혜	연	기	말	지	수	리	성	승
림	시	좋	국	옥	생	몽	크	찬
영	혼	위	만	엽	곤	측	도	태
죽	희	한	질	고	이	매	탄	춘
생	움	아	싹	문	옥	봉	륙	돼

35쪽

41쪽

43쪽

市	多	現	完	再	傳	宇	嗲	名
集	衣	食	住	部	記	般	文	洞
民	柱	刪	趑	所	法	兵	章	期
作	空	時	電	習	自	勤	海	浩
遇	間	成	作	李	熱	馬	營	張
傳	流	武	金	社	聲	鏞	養	自
生	統	進	政	援	倖	産	基	始
理	英	廣	度	家	喇	土	里	終
河	空	手	來	空	手	去	鶴	一
動	人	末	位	考	勝	集	錄	貫

① 의식주
② 시종일관
③ 문장
④ 공수래 공수거
⑤ 공간
⑥ 전통
⑦ 습작
⑧ 영양
⑨ 전기
⑩ 성원

47쪽

51쪽

세	속	이	정	간	손	평	왕	말
빠	산	천	초	목	여	남	위	어
종	구	니	숯	에	체	대	탄	신
에	대	풍	년	일	삯	성	음	거	상
한	탄	초	놀	통	책	게	백	을
쓰	가	소	곡	뱀	쌍	르	문	바
몸	로	사	방	팔	방	보	불	쭈
삶	송	로	찾	뜻	맞	트	여	따
닌	존	좋	방	를	람	럭	일	다
짤	재	쌍	예	언	위	림	견	목

55쪽

61쪽

63쪽

世	俗	入	丁	長	孫	坪	汪	沫
昉	自	仟	賞	目	男	南	危	御
妏	初	儞	人	聞	對	儥	才	致
散	至	漢	初	工	加	母	居	京
寒	終	祿	忿	遑	知	居	子	乙
刊	同	梳	石	盃	子	能	門	枋
嗇	事	祕	歸	正	做	補	八	宙
彫	悚	擄	茉	杜	臣	吐	方	罰
暖	勳	細	房	樓	覽	羅	美	茶
章	宰	箱	外	來	語	霖	人	睦

①외래어
②장남
③훈장
④인공지능
⑤모자
⑥팔방미인
⑦입상
⑧자초지종
⑨재치
⑩사필귀정

67쪽

71쪽

퀴	선	랑	언	민	우	비	명	종
때	작	뱉	짤	행	빠	강	극	의
유	심	낙	되	졸	일	궁	해	직
계	삼	람	명	욕	툼	치	대	벽
쌍	일	싸	쟁	언	술	것	자	할
꿈	동	송	원	들	에	속	박	선
보	결	목	제	인	따	정	기	길
국	복	불	복	영	경	문	희	자
현	윤	대	융	동	시	치	서	정
다	치	위	각	실	시	난	직	둑

75쪽

81쪽

87쪽

89쪽

努	洋	父	堅	草	發	距	優
戶	子	十	蔘	敬	恩	三寸	勝
間	洎	臣	桓	遠	重	隨	劣
當	落	喜	全	冊	米	裸	答
禄	孝	行	賀	於	溫	無	敗
式	室	塘	啓	位	故	蜀	英
農	園	骨	甚	菜	知	官	少
理	兢	邑	色	清	新	空	貫
極	同	門	修	學	編	天	安
湳	延	次	毒	實	校	舌	全
					農	曜	局
							枃

① 영웅
② 동문수학
③ 삼촌
④ 부자간
⑤ 경원
⑥ 효행
⑦ 온고지신
⑧ 농원
⑨ 안전
⑩ 우승열패

93쪽

99쪽

105쪽

107쪽

후	단	기	열	신	통	력	씨	거
하	고	죽	까	르	귀	막	쓴	꼬
앗	귀	요	부	익	부	빈	익	빈
까	떡	툼	타	통	해	딸	쌍	콕
빛	탄	인	자	튼	질	합	맛	있
할	상	콤	쿵	락	넓	자	손	충
소	붙	난	형	난	제	뿡	뻥	쿵
예	쿨	코	빨	검	잎	성	묘	땡
근	겅	뜨	겅	봉	짜	릉	콰	근
문	방	사	우	쪼	객	팔	본	톡

111쪽

117쪽

119쪽

塞	足	仔	望	友	珍	橡	眞	來
天	眞	意	茶	好	反	北	面	宣
慓	玩	吉	力	房	漢	江	目	彈
互	印	敗	不	路	斗	嵩	市	夏
名	孤	益	足	明	論	招	體	學
蔘	射	韻	徐	亡	冥	庚	面	猁
裏	永	手	承	周	身	兒	示	有
幻	弟	睨	終	薄	東	問	西	答
愿	自	業	自	得	眼	珍	郎	曾
杏	牧	支	倞	比	充	滿	單	惠

①진면목
②진의
③망신
④체면
⑤충만
⑥우호
⑦역부족
⑧명사수
⑨자업자득
⑩동문서답

123쪽

罔談彼短　靡恃己長
信使可覆　器欲難量
墨悲絲染　詩讚羔羊
景行維賢　剋念作聖
德建名立　形端表正

空谷傳聲　虛堂習聽
禍因惡積　福緣善慶
尺璧非寶　寸陰是競
資父事君　曰嚴與敬
孝當竭力　忠則盡命